2021年度青岛市社会科学规划研究项目

领导力的锻造与提升

苏 洁◎著

中共中央党校出版社

图书在版编目（CIP）数据

领导力的锻造与提升 / 苏洁著. --北京：中共中央党校出版社，2022.9

ISBN 978-7-5035-7397-2

Ⅰ.①领… Ⅱ.①苏… Ⅲ.①领导学 Ⅳ.①C933

中国版本图书馆CIP数据核字（2022）第161811号

领导力的锻造与提升

策划统筹	冯　研
责任编辑	李俊可
责任印制	陈梦楠
责任校对	马　晶
出版发行	中共中央党校出版社
地　　址	北京市海淀区长春桥路6号
电　　话	（010）68922815（总编室）　（010）68922233（发行部）
传　　真	（010）68922814
经　　销	全国新华书店
印　　刷	北京中科印刷有限公司
开　　本	710毫米×1000毫米　1/16
字　　数	177千字
印　　张	14
版　　次	2022年9月第1版　2022年9月第1次印刷
定　　价	48.00元

微　信　ID：中共中央党校出版社　　邮　　箱：zydxcbs2018@163.com

版权所有·侵权必究

如有印装质量问题，请与本社发行部联系调换

前言

自古以来，关于领导力的理论研究和实践经验成果灿若星河。正如领导学家伯纳德·巴斯（Berard Bass）所说，对领导的研究与人类文明的出现几乎是同步的。如何锻造和提升领导力，做一个称职的领导人，实现有效的领导，这是一个永恒的话题。

古人云：以力服人者，非心服也，力不瞻也；以德服人者，心悦诚服也。在现代社会，一些有识之士甚至提出，伟大的组织成就于领导力，而用魅力调剂的领导力，犹如"酒基"（鸡尾酒的主要成分）调制的鸡尾酒，诱惑力、吸引力极大，正所谓"振臂一挥，应者云集"。领导魅力，即是新时代所迫切需要的领导力。

早在20世纪初，德国社会学家马克斯·韦伯（Max Weber）就提出"charisma"，即"魅力"这一概念，意指领导者对下属的一种天然的吸引力、感染力和影响力。这种"魅力"，即新时代领导者应具备的领导力，这种基于领导者个人内在素质和公共形象的领导力，会使领导者在被领导者当中产生一种权力难以达到的巨大影响力。因此，领导力是一种无形的力量，其强弱，直接关系到领导水平和执政水平。领导者要深入人心、赢得尊敬，领导力不可或缺。

放眼当今世界政坛，政党领袖、国家首脑、政界要人，无论是处理国内事务还是在国际交往中，都十分注重锻造、提升、运用领导力。在我们国家，处于社会转型期的领导者，对于这一政治生活中的重要内容，也是愈加重视。从领导风格、行为方式的改变，到言谈举止、仪表风度的"讲究"，都足以说明，塑造各具特色的领导力，渐成我国新时代领导的新风尚。他们打破上传下达式的被动领导模式，积极探索新的领导方式；改变行政命令式的领导方式，与下属或群众平等对话交流；一改过去在会议上讲官话套话、念报告的话语习惯，用通俗、亲和的语言讲解施政方略；摆脱在面对媒体时的局促不安、不知所措，积极与媒体联络合作，在媒体面前自信得体、谈笑自如；注重自己的仪表形象……凡此种种，都无一例外地展示了我国新时代领导者自信、创新、务实、亲民的领导力。

领导力是一种领导艺术，更是一名领导者个人能力、境界和修养的综合表现，既体现为领导者的内在品质，也具化为领导者的外部行为。因此，领导力不是千部一腔、千人一面，朴实自然、端庄稳健、开朗豁达、热情友善、深沉机敏、风趣幽默、干练潇洒、从容果断、谦逊文雅……都是不同的领导力。然而，不管是何种领导力，都不是天生的，也不是自然形成的，更不是与职俱来的，而是通过后天的学习和持之以恒的实践锻炼所形成的。

一名关心一个单位发展前途的领导者，必然十分重视自己领导力的锻造与提升。在领导活动中，以高尚的品德服人，以真挚的情感动人，以渊博的知识和超群的智慧赢人，以自己的榜样正人，以得体的仪表悦人，才能赢得广大群众的认可和信赖，真正树立起具有巨大影响力的公仆形象。

在《领导力的锻造与提升》这部著作中，笔者从基础理论、领导形象、领导方法、领导用人、领导艺术等多角度论述了如何锻造与提升领导力,并将生动恰当的案例和简明实用的理论相结合,用一种引人入胜的结构方式将学术探讨与实践融为一体。《领导力的锻造与提升》摆脱了传统的学术说教的枯燥,提出了大量的关于领导力的独到见解,希望已当领导和准备当领导的读者能够从中获益!

目录

001 | 理论篇

领导力是一种特殊的影响力

领导力是指领导要素及其关系在领导场中发挥作用的力量总和，是一种特殊的影响力。习近平同志在谈到共产党人"如何为官"时曾精辟地指出，为官之道，对于我们党的领导干部来说，可以概括为"为官四要"，即为官之本、之理、之德、之义。为官之本在于为官一场造福一方，为官之理在于讲奉献，为官之德在于清廉，为官之义在于明法。

领导力的内涵	/ 003
领导力的构成要素	/ 007
锻造与提升领导力的有效途径	/ 016
锻造与提升领导力的"五项基本原则"	/ 025
锻造与提升领导力的"四大误区"	/ 033
锻造与提升领导力应树立科学理念	/ 041

047 | 形象篇

形象给人留下的印象最深刻

　　形象给人留下的印象最深刻，对人的作用也最直接。领导形象是领导者的第一张名片，不仅能反映出其个人修养、气质，而且在一定程度上，代表着组织的精神风貌、管理水平和文化追求。良好的领导形象是领导者在群众面前公开树立的一面旗帜，是一种号召力和凝聚力。

新时代领导者的形象定位　　　　　　　　　　　　　／ 049

新时代领导者要打造"看起来像个领导"的视觉标志　／ 060

新时代领导者要发挥"小手势"的"大作用"　　　　／ 067

新时代领导者的着装原则　　　　　　　　　　　　　／ 075

新时代领导者要塑造良好的媒体形象　　　　　　　　／ 083

091 | 方法篇

领导方法不同，领导成效则不同

　　无数实践证实，凡属正确领导，总是运用科学的领导方法。从一定意义上说，能不能实施正确有效的领导，取决于领导者有没有科学的领导方法。

如何打造领导威信的光环　　　　　　　　　　　　　／ 093

如何与一把手和谐相处　　　　　　　　　　　　　　／ 100

如何构建"和谐型"领导班子　　　　　　　　　　　／ 106

如何做"用心用情用功"的领导者　　　　　　　　　／ 114

如何从奥运经济史中学创新智慧　　　　　　　　　　／ 123

和谐化解争端的艺术　　　　　　　　　　　　　　　／ 127

137 | 用人篇

领导者要知人善任，广纳群贤

毛泽东说，领导者的责任归结起来是两件事："出主意"和"用干部"。如果说，"出主意"更多的是体现领导者的雄韬伟略、杰出才能的话，那么，"用干部"则更能体现其领导力的强弱。领导者只有具备识才的慧眼、用才的气魄、爱才的感情、聚才的方法，知人善任，广纳群贤，才能开创"振臂一呼，应者云集"的良好局面。

新时代领导者如何"以情用人"	/ 139
新时代领导者如何"以智赢人"	/ 144
新时代领导者如何获得更多支持者	/ 149
新时代领导者如何发掘"潜人才"	/ 157
新时代领导者如何知人善任	/ 167
新时代领导者如何向"宰相之杰"张居正学用人	/ 174

181 | 艺术篇

有多少个领导者就有多少种领导艺术

领导艺术是领导者个人素质的综合反映。黑格尔说过，"世界上没有完全相同的两片叶子"，同样也没有完全相同的两个人，没有完全相同的领导者和领导艺术。有多少个领导者就有多少种领导艺术。

幽默也是领导力	/ 183
女性领导魅力从何而来	/ 189

如何提升语言魅力 / 195
走好新时代"网上群众路线" / 203

210 | 后　记

理论篇

领导力是一种特殊的影响力

　　领导力是指领导要素及其关系在领导场中发挥作用的力量总和,是一种特殊的影响力。习近平同志在谈到共产党人"如何为官"时曾精辟地指出,为官之道,对于我们党的领导干部来说,可以概括为"为官四要",即为官之本、之理、之德、之义。为官之本在于为官一场造福一方,为官之理在于讲奉献,为官之德在于清廉,为官之义在于明法。

领导力的内涵

有位著名企业管理专家曾把企业比做一匹马,认为马的四条腿分别是:领导力、执行力、团结向上的组织氛围和优秀的企业文化。

对于这匹企业之马而言,四条腿缺一不可。对于领导者而言,要实现强有力的领导,领导力至关重要。改革开放以来,特别是中国特色社会主义进入新时代以来,我国党政领导行为特征发生了很大变化,个性化执政渐成风尚,领导力日益凸显。

何谓领导力

所谓领导力,具体而言就是指领导者所具备的非凡的品质,在领导活动中表现为被领导者的吸引力、凝聚力和感召力,并因此而形成领导者和被领导者之间的和谐关系。美国领导学家托尼·亚历山德拉在《魅力的七把钥匙》一书中给魅力下了一个定义:"所谓魅力,就是这么一种能力,它通过你与他人在身体上、情感上以及理智上的相互接触,从而对他人产生积极的影响力。"领导者所具备的这种领导魅力,就是一种领导力。

在领导活动中,不同的领导者以自己不同的心理品质、工作态度、领导方式和领导绩效影响着被领导者,引起被领导者的不同反应,经过转化成为被领导者的一种心理体验,久而久之被领导者就会对领导者产生一种带有倾向性的心理状态，即这个领导者是否值得尊敬、是否可以信赖、是否应该服从。

如果回答是肯定的，被领导者就会从心里尊敬、信赖、服从自己的上级。否则，即使领导者的权位再高，也难以树立起自己的权威。

案例 有一天，一个男孩问迪斯尼创办人："你画米老鼠吗？""不，不是我。"沃尔特说。"那么你负责想所有的笑话和点子吗？""没有，我不做这些。"最后，男孩追问："迪斯尼先生，你到底都做些什么呀？"沃尔特笑了笑回答："有时我把自己当做一只小蜜蜂，从片场一角飞到另一角，搜集花粉，给每个人打打气，我猜，这就是我的工作。"（资料来源：董权著：《伟大是熬出来的：领导力的九项修炼》，机械工业出版社2010年版）

童语笑答之间，团队领导者的角色不言而喻。不过，一个成功的领导者不只是会给人打气的小蜜蜂，还是团队中的灵魂人物。正如安迪·格鲁夫所言："领导者，最重要的职责就是时刻要发挥自我的人格魅力，去正面地影响每一个人的工作，甚至终生，而不是死板地去管理他们。"

的确，一个成功的领导者，只有拥有巨大的领导力，才能一呼百应，吸引更多的被领导者。现代管理科学之父彼得·德鲁克指出："领导者的唯一定义是其后面有追随者。没有追随者，就不会有领导者。"所以，要想成为一名优秀的领导者，首先要提升自己的领导力，吸引更多的追随者。

领导力是有效领导的关键

现代管理心理学的研究成果表明：借助于工资、奖金、福利等激励措施只能调动员工60%的积极性，其余40%的积极性则要依靠领导者具有魅力的领导行为去调动。

作为一个领导者，他的领导力如何，对事业的成败影响深远。如今，科技、信息、资金、人才等各方面的竞争十分激烈。其实，领导力的竞争也是一种激烈的竞争。

美国著名心理学大师拿破仑·希尔博士说过：真正的领导能力来自让人钦佩的领导魅力。毋庸置疑，拿破仑·希尔所说的领导魅力，就是新时代领导者所需要锻造和提升的领导力。当前我国正处于社会转型期，领导力在化解一些错综复杂的问题、引导广大群众一心一意谋发展等方面具有十分重要的现实意义。

简而言之，领导力作为领导与群众良好关系的体现，是构成领导影响力的最坚实的基础，也是实施有效领导的关键。

案例 有一个小和尚在寺院担任撞钟一职，半年下来，觉得无聊之极，"做一天和尚撞一天钟"而已。有一天，寺院住持宣布调他到后院劈柴挑水，原因是他不能胜任撞钟一职。小和尚很不服气地问："我撞的钟难道不准时、不响亮？"老住持耐心地告诉他："你撞的钟虽然很准时也很响亮，但钟声空泛、疲软，没有感召力。钟声是要唤醒沉迷的众生，因此，撞出的钟声不仅要洪亮，而且要圆润、浑厚、深沉、悠远。"（资料来源：董权著：《伟大是熬出来的：领导力的九项修炼》，机械工业出版社2010年版）

正所谓"得民心者得天下"，一语道出感召力的巨大价值。所谓感召力，其实也就是领导魅力，是指一种不依靠物质刺激或强迫，而全凭人格和信仰的力量去领导和鼓舞的能力。有"世界第一CEO"之称的GE前CEO杰克·韦尔奇说过："我不喜欢管理所带有的特征——控制、抑制人们，使他们处于黑暗中；将他们的时间浪费在琐事和汇报上；紧盯住他们，无法使他们产生自信。"而以领导魅力构成的领导力，恰恰可以弥补管理所带有的消极特征，成为新时代领导者实施有效领导的强大力量。

领导力的构成要素

一般来说，领导力表现为人类的心理现象，它有其坚实的社会利益和社会权力基础，涉及领导者、被领导者和领导环境三个方面，以品格、情感、胆识、能力、资历和职别等为构成要素。

品格要素

领导者的品格是指道德品质、人格、作风等，是本质性因素。好的品格会使人产生敬爱感，并引导人们加以模仿和自觉认同。可以说，高尚的品格是领导力的灵魂。因此，具有优秀品格的领导者常常有巨大的号召力、动员力、说服力。

案例 素有"经营之神"之称的日本松下电器总裁松下幸之助有一次在一家餐厅招待客人，一行六个人都点了牛排。等六个人都吃完主餐，松下让助理去请烹调牛排的主厨过来，他还特别强调："不要找经理，找主厨。"助理注意到，松下的牛排只吃了一半，心想一会儿的场面可能会很尴尬。主厨来时很紧张，因为他知道请自己的客人来头很大。"是不是牛排有什么问题？"主厨紧张地问。"烹调牛排，对你已不成问题，"松下说，"但是我只能吃一半。原因不在于厨艺，牛排真的很好吃，你是位非常出色的厨师，但我已80岁了，胃口大不如前。"主厨与其他的五位用餐者困惑得面面相觑，大家过了好一会儿才明白怎么一回事。"我想当面和你谈，是因为我担心，当你看到只吃了一半的牛排被送回厨房时，心里会难过。"客人在旁听见松下如此说，更佩服松下的人格并更喜欢与他做生意了。（资料来源：《如何让部属为你赴汤蹈火？》，联英人才网 2005 年 8 月 15 日）

人们常说，做官是一阵子，做人是一辈子。好人不见得是好官，但好官必须是好人。作为领导者，首先是一个人，因此对领导者的第一要求就是要堂堂正正做人。群众对领导人缺乏能力、知识、经验等某些素质还可以谅解，但如果领导人缺乏某些品格因素，则是不可原谅的。

俗话说：有德无才要误事，有才无德要坏事。高尚的人格是一个人最宝贵的"无形资产"，是一个人走向成功的基础。一切成功都是做人的成功，一切失败都是做人的失败。

情感要素

感情是人们对客观事物（包括人）好恶倾向的内在反映，它体现着人与人之间的关系状况。领导者与群众之间是一种人际关系，存在感情上的联系，也有亲疏好恶之分。

如果两者之间建立起亲密的关系，群众就会产生亲切感。亲切感不仅能更好地使群众接受领导者的影响，而且可以成为促使群众不断上进的动力。挨批评的人对与自己疏远者的批评不容易接受，对朋友的批评则容易接受，就是因为感情亲密、心理距离短，容易产生认同、受到影响。

战国时期,有一个著名的大将叫吴起,他一向爱兵如子。有一次,有个士兵生了疽,吴起甚至用嘴去替士兵吸吮脓疽。士兵的母亲听到这个消息后,便嚎啕大哭起来,因为士兵的父亲曾经得到吴起类似的关怀,之后为吴起拼命而死。士兵的母亲担心儿子会像他父亲一样,为吴起拼命而战死沙场,因此她害怕失去儿子便放声大哭。由此可见,情感威力之大。(资料来源:根据于炳贵主编《现代领导科学》整理,山东人民出版社2004年版)

胆识要素

胆识要素是指领导者所具备的胆量和见识。领导者的胆识体现在诸多方面,首先,要敢于冒风险、勇于创新。

 20世纪90年代初,在一个小山村有两个青年,他们一同开山。其中一个青年把开山采来的石头砸成石子儿运到路边,卖给盖房子的人。另一个青年则直接把石块运到码头,卖给南方的花鸟商人。因为他发现,这儿的石头奇形怪状、造型独特,卖重量还不如卖造型。于是,3年后,这位卖怪石的青年成为村里第一个富起来的人,盖起了村里的第一座瓦房。后来,随着国家政策的变化,村里不再允许开山,只允许种树,于是山村周围全部成了果园。每年秋天,漫山遍野的苹果、香梨等特色水果招来了八方商客。人们把一筐一筐的大批水果运往北京、上海等各大城市,甚至有的还销往韩国、日本等其他国家,因为这里的水果汁浓肉厚、口味纯正。

正当村里的人们为越来越好、越过越红火的小康日子欢呼雀跃的时候，曾卖过怪石的青年却把自己的果树卖掉了，又开始种柳树。因为他发现，来村里购买水果的客商根本不用担心挑不上质量上乘的水果，却为买不到盛水果的筐而苦恼。5年后，卖过怪石的青年成为村里第一个到城里购买楼房的人。

再后来，有一条铁路从山村经过，成为山村与外界相连的主要通道。人们从这里坐上火车后，可以贯穿南北。小山村也开始对外开放，村里的果农也由单一的卖水果发展到开办工厂，进行果品加工及市场开发。正当村里的人纷纷集资兴办工厂的时候，卖过怪石的青年又在他的地头砌了一道墙，这道墙三米高、百米长，面向铁路、背依青山，两侧是无边无际的万亩果园。火车经过这里时，坐在火车上的人，在欣赏美丽的风景时，会看到醒目的四个大字：可口可乐。据说，这是五百里山川之中唯一的一个广告，卖过怪石的青年仅凭这道墙，每年会有4万元的额外收入。

20世纪90年代末，日本一家著名公司的高管来华考察，偶然间听说这个故事，一下子被卖过怪石的青年惊人的商业头脑所打动，立即决定要找到此人。

当日本人找到这位卖过怪石的青年时，发现他正在自己的服装店门口与对门的店主吵架。原因是，同样的西装，他店里标价800元一套，对门的店就标价750元；他标750元，对门就标700元。就这样过了一个月，他仅卖出去八套，而对门店的客户却越来越多，一个月卖出了800套。日本人看到如此情形，对卖过怪石的青年大失所望。然而，当他弄明白事情原委后，又喜出望外，当场决定以百万年薪聘请他。原来，这两家服装店都是那位卖过怪石的青年的。（资料来源：根据《创业前，要先炼就一双好眼睛》整理，天下商机网2009年1月7日）

在此案例中，卖怪石的青年就是一位有胆识、有魄力的人，他的胆识和魄力为他带来了财富和事业的成功。很显然，对于领导者而言，不管是胆量还是见识，都是不可或缺的。

其次，在面对危机或遭遇突发事件时，要处变不惊、冷静分析、从容应对、指挥若定，要有魄力、果敢和坚毅。一位既有胆量又有见识的领导者，由于其见多识广、眼界开阔、思维活跃、魄力果敢，比较容易获得被领导者的信任，使被领导者产生信赖感，进而增强其领导力。相反，领导者如果既无胆量，又无见识，甚至缺乏基本常识，那么其领导力则必然会大受影响、大打折扣。

才能要素

才能，顾名思义，就是指一个人的聪明才智和工作能力，才能是领导力的主要构成因素。一般而言，一个才能出众的领导者，往往会给被领导者带来成功的希望，使被领导者对其产生敬佩感，从而使被领导者心甘情愿接受领导者的影响。

三国时期的诸葛亮初出茅庐时，即受到刘备的以礼相待，关羽、张飞很不服气，甚至当面顶撞他。但是，在火烧新野一战之后，关羽和张飞心悦诚服。《三国演义》第 39 回这样描述：（关、张）二人惊呼："孔明真英杰也！"回营途中，见众人簇拥着一辆小车，孔明端坐车中，关羽、张飞下马拜伏于车前。诸葛亮之所以能够征服诸将士之心，并辅佐刘备成就了蜀汉一方事业，靠的就是他那渊博的学识、出众的才能和不凡的智慧。

拿破仑曾经也是一个无名小辈，然而他却以非凡的指挥才能征服了人心，并一步步走上了法兰西帝国权力的巅峰。

案例 1793年土伦叛乱，拿破仑在调防途中被人推荐临时接管了围攻土伦的炮兵指挥事宜。谁也没有料到，正是这样一个偶然的机遇，使拿破仑获得了一个崭露锋芒的舞台。他以充沛的精力、有条不紊的清醒头脑和出色的指挥才能，很快赢得了士兵们的信任。当时任上尉后来成为帝国将军的蒂埃蒙在回忆录中描述到，在以前，他从未听说过拿破仑的名字，然而从一开始，拿破仑的活动就是惊人的，他似乎到处出现，他所下的命令干脆利落、清楚而又及时，使人们为之惊叹。由此而佩服他，对他充满信心，进而转化为热情。（资料来源：于炳贵主编：《现代领导科学》，山东人民出版社2004年版）

历史和实践反复证明，一个领导者的才能在下属或群众心目中的影响是不可低估的。俗话说，有为才能有位，有位更要有为。随着社会开放程度的不断提高，下属或群众自主意识的不断加强，才能要素对领导力的锻造和提升显示出越来越重要的作用。

资历要素

资历指领导者的资格和经历，它反映了领导者的生活阅历和经验。资历包含两个方面，一方面是领导者任期的长短，另一方面是任职期间的工作业绩。资历的深浅在一定程度上决定着领导者的影响力。由于下属或群众往往对资历较深的领导者容易产生一种敬重感，因此资历因素就能够在一定条件下影响领导的有效性。一个能得到下属或群众敬重、认可的领导者，他的言行容易为群众所信服进而接受，领导活动就能发挥最佳效能；反之，不能得到下属敬重的领导者，领导效能就会大打折扣。

 2020年，新冠肺炎疫情在全球蔓延，某公司受疫情影响，业绩一落千丈，濒临倒闭。为挽救该公司，总部决定任命一位新的总裁。消息一经传出，员工们对这位新任总裁的资历议论纷纷。有人说："听说新总裁是刚刚走出校门的MBA硕士。"大家听了之后，纷纷表示："此人很嫩、恐怕不行。"又有人说："听说他是一位某大公司的前任总裁。"大家这才放下心来："看来我们公司有救了。"后来，曾经是某大公司前任总裁的新总裁走马上任。新总裁上任之后，在公司几乎一呼百应，大家都积极配合他的工作。果然，他不负众望，在短短两年时间里，不仅带领大家走出低谷，使公司扭亏为盈，而且为公司冲击五百强打下了坚实的基础。这位总裁在公司也真正树立起了"振臂一挥，应者云集"的领导人形象。

此案例中，因为新总裁"曾是某大公司前任总裁"的资历，使大家对他产生了一种敬重感，因而心甘情愿接受他的领导，配合他的工作，他才得以充分发挥才干，进而取得骄人的业绩。而他所取得的业绩反过来又加深了大家对他的敬重感，从而形成了一种良性循环。这就是资历因素对领导力所发挥的作用。当然，资历的作用也不是绝对的，并非每个资历深的领导者都能使群众产生敬重感，能否真正获得群众的敬重，还需联系领导者的实际表现。一个资历较深但工作业绩平平的领导者，会使下属或群众大失所望，从而失去下属或群众原有的敬重。反之，一个资历较浅、但业绩突出的领导者，最终仍然会得到下属或群众的信任和敬重。

职别要素

职别是指领导者在组织中的职位和领导者的级别。居于领导地位的人，由于组织赋予他一定的职权，可以发布命令，施行奖惩手段，在一定程度上可以左右下属或群众的行为、处境及其相关利害关系，从而使下属或群众对其产生敬畏感。职别要素与个人素质无关，是社会组织赋予的力量。因此，如果领导者把这种力量当成一种压人的资本、整人的工具，其领导力自然也就弱化了，甚至不存在了。大量实践证明，职别要素需要深厚的群众基础作后盾，否则就会成为空中楼阁。

案例 一只四处漂泊的老鼠，某日来到佛塔，并在佛塔顶上安了家。老鼠在佛塔各层之间随意穿越、任意享受丰富的供品和别人所无法想象的特权，过着无忧无虑、幸福快乐的生活。每当善男信女们来到佛塔烧香叩头时，这只老鼠就会更加忘乎所以、自我陶醉，心中暗自嘲笑："可笑的人类，膝盖竟然这样柔软，说跪就跪下了！"

突然有一天，一只饥饿的野猫闯进佛塔，四处搜寻食物。野猫看到老鼠，一把将其抓住。这只"高贵"的老鼠高傲地抗议道："你不能吃我！你应该向我跪拜！我代表着佛！"野猫说："人们向你跪拜，只是因为你所占的位置，不是因为你！"话音刚落，野猫一口将老鼠吃掉了。（资料来源：根据《管理故事：佛塔顶的老鼠》整理，中华管理学习网 2010 年 11 月 19 日）

佛塔顶象征着最顶端，即组织里的最高职位。善男信女象征着组织里的基层员工或非最高职位的管理者，对组织里的最高领导，他们经常会跟随、崇拜甚至有点盲从。野猫的闯入象征着一件突如其来的事件。该偶然事件，暴露了老鼠（组织最高管理者）在决策、管理、自身定位等方面能力的不足。

透过这个故事，我们不难明白这样一个道理：那种传统的靠职位、职权来领导的方式，已经逐渐不适合新时代社会发展的要求了。现在许多卓越的领导者，特别是最高领导者，都在提高自己的软实力，因为他们知道，相比于职位、职权，软实力更有助于领导团队。

锻造与提升领导力的有效途径

传统领导的主要力量来自权力,新时代领导的力量主要源于自身的人格、学识、能力等魅力去说服、影响和感召他人,这种非权力性领导力发挥作用的范围更为广泛、时间也更为长久。

以德服人

德者,为官之魂。一个新时代领导者仅仅依靠权力因素来实施领导活动是一种片面和无能的表现,关键在于通过自身的高尚品行形成一种人格力量和模范表率的先导作用,以此来引导和影响组织氛围,自然而然地产生一种权威效应。

自古以来,一个人的品德修养往往决定着自身的命运。司马光曾说"德才兼备为圣人,有德无才为君子,有才无德为小人,无才无德为愚人,宁用愚人不用小人。"可见不注重品德修养的人,即使有才也前途黯淡。

> **案例** 2000年前的司马迁在《史记·李将军列传》中有记载:"广之将兵",士兵所以"爱乐为用",就是因为"士卒不尽饮,广不近水;士卒不尽食,广不尝食"。在这里,李广之建立威信,既不靠盛气凌人,亦无高深理论。要谈"诀窍",只有一个,就是他吃苦

在前、享乐在后。李广视兵如子的结果,是他的士兵们打起仗来奋不顾身,而李广则以"飞将军"的美名流传于世。

古语云:服人者,以德服为上,才服为中,力服为下。领导者仅凭自己的才智树立起的威信是不牢固的,领导者以自己的高尚品行展现的领导魅力,则会经久不衰,永存于下属心中。

刘备三顾茅庐,最终以他的谦恭、恳切和诚挚打动了诸葛亮;宋江仗义疏财,最终也以他的刚正、豪爽和慷慨赢得了梁山好汉的尊敬。他们之所以能让那些才能远在自己之上的人心甘情愿地受其领导,正是靠品德的力量。

以情感人

为官应立"公仆志",从政最贵"爱民心"。领导力作为一种影响下属或群众的感召力、吸引力,是通过领导者与下属或群众的感情传递发生的。俗话说:心里装着群众,民声托起你;心里只有自己,民怨湮没你。因此,只有拥有"爱民之心",真心实意为下属或群众排忧解难办实事,才是锻造与提升领导力的直接动力。

案例 春秋时期,某日,秦缪公外出游玩途中,所乘马车出现故障,驾车的马逃掉了一匹,被一些非常彪悍的人抓去了。秦缪公去讨还马匹时,发现抓马之人正准备吃马肉。见此情形,秦缪公反而说道:"吃马肉而不喝酒,这样会伤害你们的身体。"之后,秦缪公又叫人给他们送来酒喝。

一年之后,秦晋大战。战场上,秦缪公陷入困境,他乘坐的马车被一些晋国士兵包围住,还有一名晋国将军抓住了秦缪公驾车马的笼头,并用武器不断地打秦缪公的盔甲。

危急关头,一支队伍从远处赶来,秦缪公以为是敌人的增援部队,但后来才看清,原来是那些偷吃马肉的人,聚集了300多人,围在秦缪公周围拼死保护他。结果,不但秦缪公得以脱险,还大败晋军,把晋惠公俘虏回来。(资料来源:根据中华文化信息网"管理智慧"整理)

试想,如果秦缪公当时不能很好地控制自己的情绪,暴跳如雷,甚至把他们杀了,又会是什么结果呢?这就像《诗经》里说的:"对待有道德的人要用高尚的行为,他就会用德义来回报你;对待百姓要心存宽厚,他们甚至会牺牲自己的生命来报答你。"作为领导者要善待人民、爱护百姓,群众就会爱戴你、拥护你,想你所想,那么还有什么困难解决不了呢?

以智赢人

有人说,失败的原因或许各有不同,成功的关键却是相同的。纵观那些取得巨大成功的领导者,尽管其性格、经历各不相同,但无一不是将智慧融于领导活动之中,以智赢人。这就要求领导者要有理性、富于见识、办事公道、讲求韬略。

 曾有科学家做过一个有趣的试验:把六只猴子关在一个笼子里,笼顶吊一串香蕉。每当有猴子想摘香蕉时,就有人用水喷这只猴子。渐渐地,猴子们好像明白了:香蕉是不能摘的。自此,再没有猴子打那串香蕉的主意。

此时，用一只新猴换出笼内一只老猴。新猴看到香蕉，就要去摘，但还没等它跳起来，就被笼子里的老猴打下去了。经过多次之后，新来的猴子也明白了那串香蕉是不能碰的，再也不去打那串香蕉的主意了。接下来，再用一只新猴换出一只老猴，新猴想摘香蕉，仍然被打下去，打的最凶的就是前面新换进笼子里的那只猴子，因为它认为每一只新猴都要经过这样被打的过程。最后，六只老猴依次都换成了新猴。虽然是新猴，但再没有猴子去摘那串香蕉了。不摘香蕉，不知不觉成了大家共同遵守的游戏规则。

一天，笼子里来了一只智慧猴，看到香蕉，不禁纳闷：为什么没有同伴去摘这串香蕉呢？它也没有马上去摘香蕉，而是私下问其他的同伴："你们为什么不去摘那串香蕉？"而此时谁也不知道到底为什么了。智慧猴想了想，说："我有办法让大家吃到香蕉，但必须听我指挥。"众猴鼓掌，表示同意。智慧猴接着说："要想吃到香蕉，必须约法三章：第一，大家要听我指挥；第二，大家要团结一致，共同努力；第三，利益共享，不管谁摘到香蕉，大家要共同分享。"于是，智慧猴带领同伴设计了两套方案：第一套方案是，大家一起跳起来摘，一个被水喷下来，还有第二个、第三个；第二套方案是，搭建一个猴梯。

在智慧猴的领导下，猴子们终于摘到了香蕉，美餐了一顿。大家对智慧猴心悦诚服，智慧猴顺理成章地成为了这些猴子们拥戴的领导者。

无数事实证明，以智赢人，不仅能使领导者决策更科学、处事更智慧、管理更到位，还能让领导者更具威信和个人魅力。

以智赢人，还要求领导者要尊重人性，并对人性有客观而精准的分析，既善于发扬人性中的积极成分，又能科学把控人性中的消极成分，切实提高领导效能，实现"整体功能大于各要素功能之和"的最佳效应。

案例 有一位著名企业家，在做报告时，听众请他讲讲获得成功的方法。这位企业家淡定地拿起粉笔，在黑板上画了一个圈，但并没把这个圈画圆满，而是留下了一个缺口。他反问大家："这是什么？"台下的听众开始议论纷纷、众说纷纭。有的说：是"零""圈"；有的说："未完成的事业""成功"。这位企业家对此都未置可否："其实，我画的只是一个不完整的句号。你们问我为什么会取得辉煌的业绩，道理很简单：我不会把事情做得很圆满，从不画完整的句号，而是一定要留个缺口，让我的下属去填满它。"（资料来源：根据《管理话题：留个缺口给别人》整理，新浪网新闻中心2005年11月30日）

俗话说，金无足赤，人无完人。领导者个人的智慧毕竟是有限的，甚至是片面的。为员工画好蓝图，给员工留下空间，发挥他们的智慧，把蓝图画得更好，这难道不是领导者的大智慧吗？

刘邦当皇帝后，面对文武百官坦承："运筹帷幄之中，决胜千里之外，吾不如子房。镇国家，抚百姓，给馈饷，不绝粮道，吾不如萧何。连百万之余，战必胜，功必取，吾不如韩信。此三者，皆人杰也，吾能用之，此吾所以取天下也。"

在新时代，领导力的锻造与提升，不能靠地位，不能靠权力，也不能靠领导者个人的智慧，而应发挥和运用存在于领导者和被领导者之间这种互动的积极影响力。要发挥、运用好这种积极的影响力，就需要领导者的大智慧。

以形悦人

"领导的形象在领导力中起着门面作用,是首先被人感觉到的方面。"形象给人留下的印象是极为深刻的,直接影响着人们是拒绝还是接受这个人,以及今后与他交往和受他影响的程度。

形象领导力始于服饰,群众通过视觉观察到的首先是这部分。因此,领导者的服饰要整洁朴素、舒展大方。其次,形象领导力还包括领导者的仪态仪表、言谈举止。心理学中有一个概念叫"首因效应",是指人们在互动的过程中,由于第一印象的作用而对彼此间认知所产生的影响。在此强调的"第一印象",主要依据对方的表情、姿态、身段、仪表、服饰等表面特征形成。尽管这些特征不可靠,但"第一印象"一旦形成,要想改变却是比较困难的。

案例 苏联社会心理学家鲍达列夫曾做过一个实验。实验者将同一张照片分别给两组大学生看,在看照片前对两组大学生采用了不同的指导语。指导语告诉第一组大学生,照片上的人是一个恶习难改的罪犯;告诉第二组大学生,照片上的人是一个著名学者。

然后主试出示照片,要求每组学生口头描述照片上的肖像。结果发现,两组大学生对同样的照片做了极为悬殊的描述。

第一组大学生的描述是:深陷的双眼隐露出凶狠的神色,一副向外翘出的下巴显示了他在干罪恶勾当时"死不回头"的决心。第二组大学生认为这双"深陷的双眼"流露出深邃的思想,而"向外翘出的下巴"显示了他在探求真知的道路上克服困难的意志力等。

> 由此可见，尽管造成首因效应的第一印象具有明显的非理性特征，但它所带来的影响却是十分巨大的。（资料来源：于炳贵主编：《现代领导科学》，山东人民出版社2004年版）

因此，领导者初到一个部门或单位，在初次与群众接触时，应当从各方面做好充分的准备，使言谈举止、穿着打扮能得到群众的认可并留下良好的印象，切不可马马虎虎、唐突为之。尤其在刚着手工作时，一定要进行周密的调查研究，深入了解下情，争取踢好"头三脚"，将自己的才华和人格魅力尽可能地展现出来，从而为今后的工作打下良好的基础。

最后，真正决定形象领导力的是领导者的心理状态和行为风格。领导力必须奠基于完整、积极、正面、良好的内心自我意识、良好的道德伦理品质，通过前后一致、持之以恒的行为来表现。罗伯特·舒克在《赢家形象》一书中指出，赢家形象开始于良好的自我形象，没有自我形象或自我形象不佳，领导者的其他优点就会被削弱。

以己正人

桃李不言，下自成蹊。领导力来源于领导者的素质和业绩，它是由群众自觉接受、自发模仿而产生的。正如领导力公式（领导力＝99％的个人影响力＋1％的权力）所显示的那样，领导者个人影响力占领导力的99％，领导力的锻造自然强调以己正人。

古语说："上好礼，则民莫敢不敬；上好义，则民莫敢不服；上好信，则民莫敢不用。"以己正人，就是要求领导者修身正己，以自己的言行作为下属或群众的榜样。

春秋时期，晋国有一名狱官，叫李离。一次，李离在审理一件案子时，听信了下属的一面之词，导致一人含冤而死。后来，事情真相大白，李离后悔莫及，准备以死赎罪。晋文公说："官有贵贱，罚有轻重，况此案主要错在你的下属，不是你之罪过。"李离说："我平日没跟下属说我们一起来做这个官，所受俸禄也没有与下属一起分享。现在犯错，我岂能将责任推于下属身上？"他没有听从晋文公的劝说，最后伏剑而死。

其实，古今中外，有许多成功的领导者都是以己正人、以身作则的典范。

 1965年，土光敏夫出任日本东芝电器社长。当时，东芝人才济济，但由于组织庞大、层级过多、管理松散，公司效益低下。土光敏夫接管之后，提出了"一般员工要比以前多用三倍的脑，董事则要多用十倍，我本人则有过之而无不及"的口号，重建东芝。

土光敏夫深信"以身作则最具说服力"。为了杜绝浪费，他借着一次参观的机会，给东芝的董事上了一课。

有一次，一位董事想参观一艘名叫"出光丸"的巨型油轮。因为土光敏夫已看过多次，因此约定由他带路，并在车站门口会合。第二天一早，土光敏夫准时到达，董事乘公司专车随后赶到。董事说："社长先生，抱歉让您久等了。我们就搭您的车前往参观吧！"土光敏夫面无表情地说："我没乘公司的车，我们去搭电车吧！"董事当场便愣住了，羞愧得无地自容。原来土光敏夫为了杜绝浪费，以身作则搭电车，给那位董事上了一课。

> 此事传遍公司，大家立生警惕之心，再也不敢随意浪费公司物品。由于土光敏夫以身作则，公司情况逐渐好转。（资料来源：根据《中层管理者的领导力法则》整理，广东人民出版社2021年版）

正人先正己，做事先做人，领导者要想获得下属或群众的追随和拥护，必须以身作则。榜样的示范力量是惊人的。不但要像前人李离那样勇于替下属承担责任，而且要像土光敏夫一样身先士卒、严格要求自己，做到"己所不欲，勿施于人"。一旦通过表率作用树立起在下属或群众中的威望，将会上下同心，大大提高团队的整体战斗力。得人心者得天下，做下属或群众敬佩的领导者将使领导活动事半功倍。

锻造与提升领导力的"五项基本原则"

领导力是领导者自身修养的外在表现,是其综合素质、道德品质、工作能力、工作作风等内在品质的集中体现。领导力是领导科学的基本范畴之一,也是新时期引起社会广泛关注和较多议论的一个问题。

探索和实践新时代如何锻造和提升领导力,是提高党的执政能力、巩固党的执政地位的需要。领导者应该强化领导力意识,高度重视领导力的锻造和提升。具体来讲,就是要把握好"五项基本原则":

说话不失言

领导者在公开场合发表讲话,要考虑所说内容的真实性、思想性、政治性和健康性,不可不分场合、不讲分寸、不看对象地谈论一些不该谈论的事情,如违反组织原则,议论人事问题;背离党的路线、方针、政策,谈论一些现实问题;传播小道消息,发泄不满情绪,等等。

领导者到基层检查工作,更不能下车伊始,情况还没摸清,就拿出"预案"开始指手画脚,发指示、瞎指挥,弄得基层无所适从,没了章法、乱了阵脚。领导者只有真正弄清实情,切实沉下心来做好调查研究,全面掌握情况,才能说话而不至于失言,也才能塑造自身个性化的领导魅力。

案例 2009年6月,河南郑州市须水镇西岗村原本被划拨为建设经济适用房的土地上,竟然被开发商建起了12幢连体别墅和两幢楼中楼。6月中旬,中央人民广播电台记者赶赴郑州采访。当记者要求主管信访工作的郑州市规划局副局长逯军对于他们出具的信访处理意见进行解释时,这位副局长却向记者问了这样一个问题:"你是准备替党说话,还是准备替老百姓说话?"此事一经传播,"替谁说话"的逯军副局长便引来一片声讨。有的网民直接反问逯军副局长是在替谁说话,有的直指其党性原则不强,才说出如此带有明显政治错误倾向的话来。(资料来源:张震文:《"替谁说话"还真是个大问题》,人民网2009年6月20日)

有学者表示,逯军的"失言"事件"像个多棱镜折射出很多侧面"。实际上,"逯军事件"并非只是简单的个案,当年深圳海事局原党组书记林嘉祥酒后失控,更是喊出了"你知道我是谁吗?我是北京交通部派下来的,级别和你们市长一样高!"这样的狂言。

这些逯军们为什么会"失言"?其实根本原因在于他们的"失德"。正因为他们责任意识、群众观念淡薄,对待群众简单粗暴、态度恶劣、口不择言便已成为习惯。领导者如此这般,还有什么魅力可言呢?

办事不失信

案例 《庄子·鱼父》有曰:"不精不诚,不能动人。"据《商君书》记载,商鞅准备在秦国变法,制定了新的法律。为了使百姓相信新法是能够坚决执行的,他便在城南门口竖了一根大木头,对围观者说:"谁要能将这根木头从南门搬到北门,就赏他五十两金子!"大多数人都不相信有这等好事,担心商鞅的许诺不能兑现。

就在大家犹豫不决时,有一个人却扛起木头,从南门一直走到北门,商鞅当场兑现,赏给他五十两金子。这样一来,人们都相信商鞅说的话是算数的,在推行他所立的新法的时候人们就遵守了。

我国古人很讲究言不在多,但必须守信的道理,因为守信就能得到人们的信任。一般老百姓讲不讲信用,只是关系到人际关系;而政治家、军事家讲不讲信用,则关系到治国、治军的大事。在今天,守信更成为一个领导者事业成功的重要因素。

群众有很多实际困难,迫切希望领导干部能为其排忧解难。作为领导者应理解群众的心情,体谅百姓的困难,尽量帮助解决一些实际困难,不要看了激动,表了硬态,而事后不动,言而无信,一定要"言必信,行必果"。对一些能办并表了态的事,要说办就办,办就办到,使群众满意;对一些该办但需协调的事,应积极疏通各方,尽心尽责地办;对一些确属实际困难、而自己又无权解决、需请示上级或进行集体商量的问题,要及时向上级汇报或进行集体研究,并将解决情况及时进行信息反馈。

调查不失实

案例 有这样一则寓言:雨钦差奉天帝之命,驾着风的马车,巡查人间疾苦。他掠过烟尘弥漫的沙漠,闭上眼睛倏忽一下就过去了,惹得沙漠中的行人失望地咽了口唾沫。他飞临干裂的土地,瞅也不瞅一眼，一抖缰绳就跑远了，惹得求雨的人们失望地耷拉下脑袋。他只在风景秀丽的江河湖泊、宛林水池上空久久徘徊，垂下细密的雨丝，使本来就十分迷人的地方又增添了许多迷人的色彩。

雨钦差饱览了下界风光，回到天庭。天帝问："人间情况如何？""陛下！"雨钦差答道，"在您的英明治理下，一派兴旺景象，真可谓风景如画胜天堂！"雨钦差拿出许多证据，证明他的话正确。"陛下！"雨钦差接着说，"为了使人间乐园锦上添花，我还流了许多汗水！"的确，他慷慨地流了许多汗水，但都流到本来就不缺水的江河湖泊里去了，在最需要他流汗的地方，他吝啬得一滴也不给。天帝对雨钦差大加赞赏，传旨连升三级。

在这则寓言中，雨钦差的职责本来是深入基层、深入群众、调查研究、了解下情，可他公费旅游了一圈儿，一点正经事没办，回来后还连升三级，真是可叹、可笑、可悲！然而，问题并不是全出在雨钦差身上，天帝也是难辞其咎的。

报喜不报忧，可以说是当下不少基层干部的一种通病，但究其根源，却主要在上边。"楚王好细腰，宫中多饿死"，领导喜欢听好听的、看好看的，下边的人就投其所好，专门把那些好看好听的摆在他们面前。因而，我们的领导干部要学一点孙猴子的火眼金睛，善于识破"埋伏"、冲破"埋伏"。譬如说，在深入基层时，多搞一点轻车简从的微服私访，少搞一些事前通知、精心准备、前呼后拥、浩浩荡荡的"运动式"视察；迈开双脚，甩掉陪同，自己去看、自己去听。相反，领导干部如果仅仅满足于听听个别地方官员、职能部门汇报，即使下基层，也是走马观花，往往就会被某些别有用心的下级牵着走，听到的都是"振奋人心"的消息，看到的都是经过精心修饰的"闪光点"。无法倾听到广大群众的真实声音，难免不会被弄虚作假、欺上瞒下者所愚弄，无法了解到群众所盼、所思和所求，更谈不上切实解决人民群众的实际问题。

为政不失节

如果从政之路是一条珠链，那么人格操守则是串起无数颗珍珠的金线；如果为官之道是一组数字，那么清正廉洁则是统率后面许多个"0"的那个"1"。孔子的"政者，正也"，揭示了领导活动的一个深刻规律：身正是赢得领导权威、走向成功之路的必然要求。在这一点上，人民的好总理周恩来可谓有口皆碑，堪称全党"为政不失节"的表率。

案例 新中国成立初期，周恩来搬进了中南海的西花厅，一直住到他逝世。中南海的西花厅是老式平房，修建于清朝乾隆年间，年久失修、潮湿阴冷。周恩来身边的工作人员担心住久了对其身体造成伤害，多次提出修缮房屋，但是周恩来始终不同意。1959年底，趁周恩来和邓颖超到外地出差，工作人员就借此机会对西花厅进行了保护性维修。周恩来出差回来，一进门，非常惊讶，忙问："这是怎么回事？谁叫你们修的？！"他还说："我身为总理，带一个好头，影响一大片；带一个坏头，也影响一大片。所以，我必须严格要求自己。"后来，工作人员按照他的要求，撤掉了新添置的地毯、沙发、窗帘、吊灯等陈设。针对这次"修房风波"，周恩来主动在国务院会议上作了三次检讨，并向到会的其他领导干部说："你们千万不要重复我的这个错误。"

在人们的印象中，周恩来总是衣着得体、风流倜傥、器宇轩昂，殊不知，他仅有的几套面料"考究"的服装，基本都已穿了几十年，即便有的已有破损，经过精心织补后，他仍然继续穿。有一次，他接待外宾时，穿着织补过的衣服。身边工作人员对他说，总理这套"礼服"早该换换了。周恩来却笑笑说："穿补丁衣服照样可以接待外宾。""织补的那块有点痕迹也不要紧，别人看着也没关系。丢掉艰苦奋斗的传统才难看呢！"

周恩来的家常饭菜也很简单，一般是一荤一素一汤。他规定的工作餐标准是四菜一汤的家常饭菜。他说："四菜一汤既经济又实惠。"不论是在外地视察还是参加会议，周恩来都同大家同吃同住，从不搞特殊，离开时一定付清钱和粮票。他不仅自己以身作则，还要求其他领导干部也这样做。有一次，周恩来到上海出差，听说有的领导同志带夫人、孩子到地方去，食宿费用都由地方开支，非常气愤。回京后，他在全国第三次接待工作会议上向各省市代表提出："今后无论哪个领导到省里去，吃住行等所有开支，地方一概不要负担，都要给客人出具账单，由本人自付。这要形成一种制度。"据一位专机机长回忆，有一次，这位机长看到总理吃饭，有个饭粒掉在桌上，总理连夹两次才夹住放进嘴里，笑着吃了。这位机长感慨地说："我心里不禁百感交集。什么叫廉洁，看看总理就知道了。"

见微知著，这些事情虽小，但它们却如同一面清亮的铜镜，折射出周恩来"为政不失节"的领导魅力。翻开中国历史的长卷，我们会发现，这种魅力在不同的时代中始终熠熠生辉。即便是在封建社会那混浊的官场中，依然有许多出淤泥而不染、严于律己、奉公守法的清官廉吏。包拯、海瑞、于成龙……他们恪守"为政不失节"的人生信条，抵挡住各种诱惑，清清白白做人，明明白白做官。他们的浩然正气，影响着一代又一代的后人。无论历史如何变迁，无论时代怎样发展，"为政不失节"永远是人民的期盼。因此，要锻造强大的领导力，领导者必须抗得住人情的困扰、经得起欲望的诱惑、耐住清贫、守住寂寞，真正用好手中的权、管住身边的人，不以权谋私，不搞权权交换、权钱交易。领导者自身不正，不仅会让自己失去领导力，而且容易污染部属和周围的人。为此，各级领导者必须自觉按照《中国共产党章程》和《中国共产党廉洁自律准则》办事，做到"权大不忘责任重，位显不改公仆心"。

生活不失度

案例 俄国著名作家托尔斯泰写过这样一个短篇故事：有一个农夫，每天早出晚归地耕种一小片贫瘠的土地，累死累活，收效甚微，一位天使可怜农夫的境遇，就对农夫说，只要他能不停地跑一圈，他跑过的地方就全部归其所有。于是，农夫兴奋地朝前跑去。跑累了，想停下来休息一会儿，然而一想到家里的妻子儿女们都需要更多的土地来生活，又拼命地往前跑……

有人告诉他，你到了该往回跑的时候了，不然，你就完了。农夫根本听不进去，他只想得到更多的土地、更多的金钱、更多的享受。可是，终因心衰力竭，倒地而亡。生命没有了，土地没有了，一切都没有了，欲望使他失去了一切。

故事发人深省，正如古希腊的《伊索寓言》里告诉我们的："贪婪往往是祸患的根源"，"那些因贪图大的利益而把手中的东西丢弃的人，是愚蠢的"。欲望是人前进的动力，人活着，当然要努力奋斗往前走，但也要知道什么时候该"往回跑",作为领导干部,更是如此。不然,欲望发展至贪婪成性,就会在欲望中沉沦,迷失方向,走向绝处。

因此,领导干部应"淡泊明志",在生活作风上加强自我修养,勤于修理欲望的枝叶。不该要的东西不要,不该吃喝的宴席不吃喝,不该去的地方不去,不该玩的事情不玩。因为群众在很大程度上是通过生活作风来认识、评价一个干部的。例如,一个干部工作作风粗暴、简单,但生活作风比较严谨,做错了事情,群众往往只说他水平低;但是,一个干部即使工作很有能力,但生活作风腐化,群众也没有一句好话。正如他们所言,一个党员干部如果生活作风不正,其他方面的作风肯定好不了。可见,领导干部只有远离骄奢淫逸的生活,不受香风毒雾的熏染,才能永葆共产党人的政治本色和革命气节,才能获得群众的认可和拥护。

俗话说:从政不忘百姓,掌权不忘廉政;做事不忘公平,为人不忘自重。领导力不是小问题,群众会以小见大看待领导干部,领导干部要做到外表有形、语言有度、行为有谱,才能提升自己的人气指数,提高自己的亲和力,才能使人民公仆形象深入人心。

锻造与提升领导力的"四大误区"

在实际工作中,很多领导者都非常重视自身领导力的锻造与提升。的确,领导者越具有领导力,其制定的决策措施执行起来也就越顺利,反之,执行效果则要大打折扣。然而,由于对领导力的理解存在一些观念上的偏误,因而不少领导者在锻造与提升领导力的过程中步入了误区。

误区一:任性用权

有的领导者存在目中无人的长官意识,在提升领导力的做法上,偏重于用权,搞"家长制"和"一言堂",甚至任意而为,认为权势就是领导力,有权有威,无权无威,因而看重以权力提升领导力。在实际工作中,说话打官腔,办事摆官架,摆足威风,颐指气使,习惯于压服,滥施惩罚,甚至采取"清理门户"的做法。结果导致群众下属看起来似乎遵从,但内心深处却是否定和拒绝的,只能挫伤、损害群众下属的积极性。因此,靠滥施权力、压服、制服是难以锻造与提升领导力的。

案例 宋代诗人陆游在其《老学庵笔记》卷五中有一则故事:北宋时期,有一个州的太守,名叫田登,为人心胸狭窄,专权跋扈。因为他的名字为"登",因此,他不允许州内的百姓说"登"字,甚至不许说到任何一个与"登"同音的字。于是,只要是与"登"字同音的，都要用其他字来代替。比如，花园里的"灯"心草，叫做"开"心草；"灯"台、"灯"罩、"灯"笼，叫亮托、遮光、路照；太守出门"登"车，得说"驾"车，就连吹捧太守"登峰造极"也得说"爬峰造极"……如果有人触犯了太守的这个忌讳，就要因"侮辱地方长官"而获罪，轻者要挨板子，重者则要判刑。因为说到与"登"同音的字，有不少吏卒都遭到了鞭打。自此之后，太守府中上下，人人都不敢直呼他的"名讳"，也不敢说与"登"同音的字了。

这一年元宵佳节即将到来，按州里以往的风俗习惯，庆祝元宵节要点三天花灯，州府的衙役也会贴出告示，让百姓都按时出来观灯。今年的元宵节，可让负责张贴告示的小官甚是为难：如果用"灯"字，就要触犯太守的忌讳，不用"灯"字，意思又表达不清楚。小官不知如何是好。想了好久以后，小官灵机一动，终于想出一个"好主意"：把"灯"字改成"火"字。于是，告示上改写成了"本州依例放火三日"。告示张贴后，百姓们看了都惊慌失措，一些外地来的客人，更是莫名其妙，还以为官府真的要在城里放三天大火呢！所以，都纷纷收拾行囊，争相离开这是非之地。当地的百姓，平时就对田登的蛮横霸道非常不满，看到官府贴的告示，更是忿忿不平，气愤地说："只许州官放火，不许百姓点灯，这是什么世道！"自此以后，州里就流传着一句话："只许州官放火，不许百姓点灯！"

"只许州官放火，不许百姓点灯"，这是典型的任性用权、滥用职权的作派，是旧时代官员恶劣形象的写照。新时代的领导者，要锻造与提升领导力，必须正确运用好手中的权力，将手中的权力作为报效国家、服务人民的工具，而不是作为谋取私利或者个人发展的手段。一旦领导者踏入任性用权、滥用职权的误区，即使领导者的权位再高，也会失去民心，失去领导力。历史上的夏桀、商纣、秦始皇、隋炀帝的权位不可谓不高，其统治不可谓不残酷，但他们最终都落得了官逼民反、丧失政权的下场。

误区二：好人主义

有的领导者存在着左右逢源的老好人思想，对下级无原则迁就，处处当不讲规矩的"滑头官"，认为只要同群众下属一团和气、满足各种要求、提高各项待遇、对过错和问题睁一只眼闭一只眼，就能得到下属或群众的满意，就能提升领导力。1937年，毛泽东在《反对自由主义》一文中，对好人主义的经典概括可谓入木三分："因为是熟人、同乡、同学、知心朋友、亲爱者、老同事、老部下，明知不对，也不同他们作原则上的争论，任其下去，求得和平和亲热。或者轻描淡写地说一顿，不作彻底解决，保持一团和气"。习近平总书记也曾对"老好人"清晰画像，指出"圆滑官""推拉门""墙头草"等是其形象表现。这种类型的领导者在工作中往往表现为放任自流，无原则地迁就，唯唯诺诺，当老好先生，不惜以牺牲单位利益或长远利益讨好甚至买通下级。长此以往，还会失去威信，失去领导力，甚至断送事业、前途。作为十八大后第一位因玩忽职守而锒铛入狱的某省部级高官，在庭审上辩称自己是"没贪一分钱"的所谓"清官"，湖南省政协原副主席童名谦案以及与之联系的衡阳破坏选举案，对新时代的领导者具有独特的警示意义。

案例 2012年2月，湖南省衡阳市发生了严重的大范围破坏选举事件。"一把手"童名谦对此负有不可推卸的责任。市委书记童名谦作为严肃换届纪律的第一责任人，尽管先后接到关于省人大代表候选人存在送钱拉票问题的反映，但童名谦的态度和处理方式是：开会强调换届纪律，以市委名义给市人大代表发公开信要求遵守换届纪律，安排相关人员对候选人进行提醒谈话。作为衡阳市"一把手"和第一责任人，在得到明确、具体的线索情况下，既没有及时深入了解具体情况，也没有要求相关部门进行调查处理。更有甚者，童名谦不但没有按照规定责令调查、处理，而是销毁材料、掩盖破坏选举的事实，竟然要求举报人"顾全大局"。

在童名谦口头上"高度重视"，行为上"不听、不管、不查"的情况下，破坏选举的行为愈演愈烈，不少候选人因担心"别人送钱而自己没送从而落选"，也不得不加入到行贿的队伍中，导致选举生态被严重破坏。案发后，执法部门追缴收受贿赂的赃款共计1.1亿余元，400多名涉案人员被立案调查。

有副对联对"童名谦"式领导者，刻画得很形象："睁眼闭眼一只眼；你好我好大家好"，横批："好人主义"。这种一无立场、二无原则、三无底线的"好人主义"，其实就是侵蚀良好政治生态的害人主义、坏人主义。这样的领导者或许能得到一些人的好感，但好感并不等同于威信和领导力。公道正派是赢得人心的关键。没有做人原则，没有是非标准，一味地说好，当"好好先生"，是难以赢得人心的。美国前总统尼克松曾说过，人们可能喜欢邻居家的男孩，但并不意味着要选他当总统。优秀的领导者，要树立坚持原则的作风，消除怕得罪人的顾虑，做到不偏不倚，公道正派，妥善处理群众利益关系，真心实意为群众办实事，从而获得群众信服，也就具有了强大的领导力。

误区三：揽功诿过

还有个别领导者，采取的是一种十分反常的锻造与提升领导力的方法。他们刻意贬人抬己，企图以此来反衬自己的精明强干，从而让群众敬佩和依赖自己。甚至在推荐副职、配备干部时往往专挑能力不如自己的人，在工作中以偷窃或破坏别人的工作成果、牺牲他人利益为代价，揽功诿过，以此来衬托自己的能力。这种做法是十分错误的。有一则寓言形象地说明了这个道理。

案例 传说有两个士兵，相约一起赶路。途中，遇到一个强盗。危急时刻，其中一个士兵吓得马上逃开躲了起来，另一个士兵则临危不惧，挺身而出，勇敢地与强盗展开搏斗，终于杀死了强盗。正在这个时候，那个胆小的士兵跑过来，将外衣扔到一边，抽出剑，大声喊道："我来对付他，我要让他知道，他所抢劫的是什么人！"见此情景，那名勇敢的士兵说："我只愿你刚才能来帮助我，即便只说些话也好。因为我会相信这些话是真的，更会鼓足勇气去抗敌。而现在还是请你将剑插进鞘里，管住你那毫无用处的舌头吧。你只能欺骗那些不知道你的人。我亲眼见到了你逃跑的速度，十分清楚你的勇气是不可靠的。"

现代社会人与人之间的交往与联系空前密切和频繁，只要被领导者视野开阔，很快就会发现领导者的真实用意。而这种精心设计的背景一旦被人们识破，不但不会提升自己的领导力，而且还会威信扫地，甚至受到下级或群众的鄙视。

> **案例** 2010年12月7日,河南渑池义煤集团发生特大瓦斯爆炸事故,矿难共造成26名矿工死亡。在随即召开的事故现场汇报会上,出事煤企老总一再检讨,表示愿意接受组织的任何处理。而随后发言的渑池县副县长魏保元,却对自己及自己分管的工作进行了"一二三四"冗长的自我表扬,"一是周密安排部署、二是狠抓隐患排查、三是严格查处生产矿井三超和三危险的行为、四是严格实行煤矿安全检测……"结果招致省工作组的严厉批评,并引起社会舆论一片哗然。

一起死难矿工26人的特大矿难,在渑池县副县长那里,"神奇地"演变为"自我表扬""揽功诿过"的典型案例,并在严肃的事故调查大会上堂皇道出。副县长的"揽功诿过",自我感觉很高明,事实上只能是适得其反。无数事实表明,领导者揽功诿过,对提升领导力毫无益处,且容易导致整个组织凝聚力下降。

误区四:摆花架子

有的领导者好摆花架子,搞所谓形象工程,做表面文章。他们热衷于自我包装,认为电视上有影、电台里有声、报刊上有名、网络上有信息,就有了领导力。下大力气搞一些"形象工程"和"面子工程",以显示出自己的能力和水平。做了一点工作、取得了一点成绩就大吹大擂,挖空心思在说假话上下功夫,在数字上动脑筋,在材料上做文章,大造舆论,以此来赢得领导力和影响力。这类领导者不办实事,只图虚名,他们不可能真正为群众排忧解难,只是追求个人的名望和升迁,必然为群众所鄙视，不可能得到群众的信任和尊敬。他们即使一时获得了好名声，也只是虚名，与领导力根本不能相提并论。

案例 2018年，新疆维吾尔自治区纪委监委公开曝光了8起扶贫领域形式主义、官僚主义典型案例。其中之一是阿克陶县喀热开其克乡党委原书记闫东，原党委副书记、乡长艾克拜尔·艾买提贯彻执行脱贫攻坚政策、措施不力问题。

事情的经过是这样的：2016年3月，在喀热开其克乡党委书记闫东的提议下，乡党政联席会议研究决定要搞一个"亮点工程"。于是，"亮点工程"确定为将161套安居富民房改为集中统建的楼房。接下来，该乡截留了国家和自治区财政划拨的655万元安居富民房补助资金，用于安居富民楼建设。在出现建设资金不足的情况后，该乡又要求受益村民自筹3.4万元至8.3万元不等的费用，用以补充不足的资金。不但加重了群众经济负担，还因配套设施建设不力，导致村民长时间无法入住。在整个安居富民楼建设过程中，无论是项目规划，还是建设手续，都是"先上车，后买票"，存在严重违规。最终，这个"亮点工程"成为了闫东、艾克拜尔·艾买提仕途的"污点工程"，此二人分别受到撤销党内职务、政务撤职处分，降为副科级非领导职务。

所谓的统建房，其实就是一个"面子工程"。这样的"面子工程"看似表面光鲜，而实际上却是"闫东"们违背群众意愿、不顾当地实际，拍脑袋盲目决策摆的"花架子"，说到底还是形式主义、官僚主义作风的问题。"金杯银杯不如百姓的口碑，金奖银奖不如群众的夸奖。"领导者如果不设身处地多为群众、下属着想，以主观愿望代替客观实际，只一味地"摆花架子"、搞"亮点""面子工程"，结果只能是丢了"面子"打了脸。

公生明，廉生威，实生信。领导力的锻造和提升，不能靠上级封，也不能靠权力压，更不能靠宣传吹、金钱买。领导者要锻造与提升领导力，必须脚踏实地、真抓实干，通过良好的品行和个人修养来发挥自己的影响力，以取得群众的信任和佩服。

锻造与提升领导力应树立科学理念

领导活动是引导和影响个人或组织在一定条件下实现目标的行为过程，是有形的、动态的和连续的。领导活动，古已有之，贯穿人类社会活动的始终。

当前，我们正处于一个变革的时代，到处充满了不稳定因素，作为群体之首、事业之帅的领导者所遇到的矛盾和问题更加错综复杂，领导活动也日趋独立化和复杂化。这就要求各级领导者不仅要运用科学的领导方法，正确地处理好社会与组织系统中各种纷繁复杂的关系，更为重要的是在领导活动中要融入科学的理念，富有成效地进行领导活动。

从现代领导活动的实际情况来看，一个卓越的领导者必须树立以下科学理念。

以德为先

德乃立身之本、为官之魂。以德为先，指的是领导者在领导活动中应当具备并表现出良好的道德修养。这不仅有利于塑造良好的领导形象，增强领导者的影响力和号召力，也是赢得群众拥戴的重要条件，是成功地进行领导活动的重要保证。在历朝历代的官箴书和儒家思想中，都把"道德价值"放在首位，并对为官者的道德修养、个人操守、修身做人提出了严格而具体的要求，这一点始终没有改变过、动摇过。习近平总书记在《之江新语》中有言："做官先做人，做人先立德；德乃官之本，为官先修德。"新时代领导者的以德为先，除了应具备"先天下之忧而忧，后天下之乐而乐"，吃苦在前，享乐在后的优秀品质，谦让容人的豁达胸怀，还应做到言行一致，表里如一，言必信、行必果，而且敢于承认自己的缺点和错误，勇于改正缺点和错误。

案例 东汉末年，被称为一代枭雄的杰出政治家、军事家、文学家、诗人曹操，虽然生性多疑、野心很大，但其"割发代首"的故事在军队中留下了美名，并流传至今。一次麦熟时节，身为丞相的曹操率领大军去打仗，沿途的老百姓因为害怕士兵，都躲到村外，没有一个敢回家收割小麦的。曹操得知后，立即派人挨家挨户告诉老百姓和各处看守边境的官吏：现在正是麦熟的时候，士兵如有践踏麦田的，立即斩首示众。老百姓开始不敢相信，都躲在远处观察曹操军队的行动。曹操下令：将士们经过麦田时，必须下马，手扶麦秆儿，小心翼翼地穿过麦田。就这样，将士们从麦地中间的小埂走过去，没一个敢践踏麦田的。老百姓看见了，没有不称颂的，这才相信丞相的命令不假。有一天，曹操骑马走在路上。忽然，野地里飞起一只鸟，他的马受到惊吓，一下子蹿入了麦田，踏坏了一片麦子。曹操马上要求随行官员，根据军纪治自己践踏麦田的罪。官员非常为难，说："这怎么能给丞相治罪呢？"曹操说："我亲口下的命令自己却不遵守，还会有谁心甘情愿地遵守呢？一个不守信用的人，又怎么能统领成千上万的士兵？"说完，他抽出腰间的佩剑，就要当众自刎，众人连忙拦住。这时，一位叫郭嘉的大臣走上前，对曹操、也对众人说："古书《春秋》上说，'法不加于尊'。丞相奉旨统领大军，重任在身，怎么能自杀而推卸责任呢？"曹操沉思了片刻，说：

"既然古书上有此说法,而我又肩负着天子交于我的重任,那就权且免去一死吧。但是,我不能言而无信。我犯了错误也应受罚才是!"于是,他用剑割断自己的头发,说:"那么,我就割掉头发代替我的头吧。"之后,曹操又派人持其断发传令三军:丞相践踏麦田,本该斩首示众,因为肩负重任,所以割掉头发替罪。如此,三军悚然,将士们更不敢大意了。曹操断发守军纪的故事一时传为美谈。

有功劳归自己,有错误怪下属,这是大多数领导人最容易犯的错误之一。最难得的是曹操这样的领导者,凡是要求群众做到的,自己首先做到;一旦自己没有做到,不管何种原因,都勇于承认错误,这就是所谓的"超级揽心术",即"以德为先"。古人云:"小胜凭智,长胜凭德","服人者,以德服为上,才服为中,力服为下"。拥有这种"揽心术"的人,又怎能成为不了"超级领导"呢?

俗话说:"有德有才是正品,有德无才是次品,无德有才是废品,无德无才是毒品"。可见,品德是衡量评价一个人价值的前提。对于领导者来说,是否有德,不仅关系到个人的修养素质、关系到领导活动是否能顺利实施,更关系到人民福祉、国家兴衰。

以和为贵

古往今来,社会和谐始终是许多思想家的一种理想追求。可以说,"和谐"是中国传统文化的核心理念和根本精神。我国古代思想家孔子曾提出"和为贵"的观点,并将"仁"作为其哲学思想的核心,主张"恭则不侮,宽则得众,信则人任焉,敏则有功,惠则足以使人"。儒家将以"和"为主的道德原则制度化,使之成为可操作的"礼","礼"的作用就是通过"人和"来实现社会和谐,这便是"礼之用,和为贵"。

> **案例** 宋太宗时,孔守正被封为殿前都虞侯。有一天,他与王荣等大臣在北园陪伴皇上饮宴。孔守正喝得酩酊大醉,在皇帝面前与王荣争论守卫边境的功劳。两人争得面红耳赤,戟指怒目,忘记了体面,失去了礼仪。这可是"大不敬罪",在场的其他陪臣均请求皇上将此二人送交相关部门论罪,但皇上没有同意。第二天清晨,两人清醒过来后,不约而同到金殿上向皇上请罪,皇上却说"我那时也喝得太醉,许多事情都模模糊糊记不得了。"

人非圣贤,孰能无过。宋太宗对"难得糊涂"的成功运用,既体现了领导者的仁厚,展现了领导者的睿智,也不失领导者的尊严,同时又保全了下属的面子,这是对"以和为贵"最好的诠释。在中国特色社会主义新时代的今天,在建设富强民主文明和谐美丽的社会主义现代化强国的新征程中,"和谐"仍然是我国的社会主调,理所当然也是领导活动的关键词。因此,领导者在实施领导活动时,不妨学学古人的领导理念,以和为贵,这样才能创造和谐、愉快、民主的人际环境,正所谓"万物并育而不相忌,大道并行而不相悖"。

以人为本

得人心者得天下,失人心者失天下,古今中外,概莫能外。成功的领导者都有一个共同的特点,即强调以人为本理念,把尊重人、理解人、关心人,满足人的需求,激发人的工作积极性、主动性和创造性,发挥人的潜能,促进人的全面自由发展,作为实施领导活动的根本出发点和落脚点,作为评价领导活动得失成败的根本标准。这一科学理念的普适性,几乎超越了历史、政治、经济、文化、社会制度的界限。

案例 放眼新时代的中国,"以人为本"的理念体现得淋漓尽致。从习近平总书记的"人心就是最大的政治""人民就是江山,江山就是人民""我将无我,不负人民"等这些论断和话语,人们就能强烈地感受到以人为本的发展理念,即坚持以人民为中心的发展思想,坚持发展为了人民、发展依靠人民、发展成果由人民共享的发展观和现代化观。正因为中国的现代化之路,每个环节、每个方面、每个阶段都紧紧围绕着"人民"这一中心点,始终"把人民放在心中最高位置","中国之治"才有了深厚的民心基础,才汇聚起了众志成城的磅礴力量。

无论是一个国家、一个民族、一个政党,还是一个组织,其前途命运最终都取决于人心向背,无一例外。这就要求每一位领导者都应将以人为本理念融入领导活动的各个环节,而不是只停留在口头上、止步于思想环节。毛泽东曾指出:"在我党的一切实际工作中,凡属正确的领导,必须是从群众中来,到群众中去。"无数实践已经证明,唯有坚持以人为本的科学理念,充分相信和紧紧依靠群众来实施有效领导,才能吸引更多的追随者,夯实群众基础,从而更好更快地实现共同的领导目标和任务。

"思路决定出路",领导理念正是决定组织未来成败的思路。只要将科学理念融入领导活动中,用"以德为先"策划领导活动,用"以和为贵"指导领导活动,用"以民为本"监督领导活动,终能铸就领导事业的辉煌。

形象篇

形象给人留下的印象最深刻

形象给人留下的印象最深刻，对人的作用也最直接。领导形象是领导者的第一张名片，不仅能反映出其个人修养、气质，而且在一定程度上，代表着组织的精神风貌、管理水平和文化追求。良好的领导形象是领导者在群众面前公开树立的一面旗帜，是一种号召力和凝聚力。

新时代领导者的形象定位

领导形象是指领导者在其领导活动中,在群众心目中留下的综合印象以及得到的总体评价。它是领导者个人品德、操守的外在反映,是领导者自身领导实践的客观后果,是一个运动变化的过程。塑造领导形象是一个非常重要的课题,因为形象给人留下的印象最深刻,对人的作用也最直接。

领导干部特别是高级干部在群众中树立什么形象,有重要的导向作用。可以说,领导形象是领导者在人民群众面前公开树立的一面旗帜,是一种号召力和凝聚力。塑造群众欢迎的领导形象,有利于实施领导工作,促进各项决策和措施的顺利贯彻落实。在新的历史时期,领导者如何定位自身的领导形象呢?

言而有信,说到做到,诚信的形象

所谓诚信,简单地解释就是"诚实守信"。诚实就是说实话,不说假话、大话、空话;守信就是说到做到,绝不食言。世无诚信不宁,国无诚信不稳,业无诚信不旺,家无诚信不和,民无诚信不立,官无诚信不忠。诚信是为官之根本,为政之枢要,作为领导者就要做诚实守信的楷模。

诚信能使领导者产生无形的魅力、感染力和感召力。领导者讲诚信，才能赢得群众的尊重和信任；否则，空话大话连篇，就会丧失群众对他的信任，必然会失去抓工作的基础。从某种意义上来讲，诚信是一种资源。资源是可以开发和利用的。把诚信当作资源，是指领导者在自身讲诚信的基础上，打造本地区、本单位、本部门的诚信。领导的示范力量是巨大的，领导者自身讲诚信是培育诚信的前提。

案例 有这样一则寓言：一只喜鹊到处自诩："我是性格直爽，直来直去，爱说真话，从不怕得罪人。"事实确实如此，喜鹊每当看到不顺眼的，总是不管三七二十一，指责抱怨一通。比如，见了猪，要呵斥："光吃不干的懒东西。"见了驴，要责骂："真是个蠢货，推磨还要蒙眼。"见了麻雀，要讥讽："小不点，能把人吵死。"

某日，乌鸦大总管巡视山林，喜鹊闻此消息，连忙飞到乌鸦大总管面前，满面笑容叽叽喳喳不停地恭维着乌鸦："总管大人，您的羽毛色彩斑斓、蓬松细密，真是太美了，您是全天下最漂亮的鸟。总管大人，您的歌声美妙动听，您堪称我们鸟王国的最佳歌星啊！"

乌鸦总管离开后，山林里的鸟同伴们聚拢过来，七言八语质问着喜鹊："爱讲真话的喜鹊先生，今天您怎么不讲真话了？""乌鸦的羽毛真的色彩斑斓，很美吗？""乌鸦的歌声真的动听吗？"一时间，喜鹊不尴不尬，窘态百出，吞吞吐吐，不知如何回答才好。一向以公正著称的猫头鹰出来替喜鹊作了回答。"喜鹊先生，恕我直言，你的所谓直爽性格，爱讲真话，是有对象的啊！在与自己没有利害关系者面前，你什么都敢说，什么都能说；一旦到了关系到自己利害关系的对象面前，你就不敢讲真话了。"

显然，这则寓言中，喜鹊的做法是虚伪的，典型的"见人说人话，见鬼说鬼话",最后落得名声扫地,人见人骂。李嘉诚说:"坚守诺言,建立良好的信誉,一个人良好的信誉,是走向成功的不可缺少的前提条件。"因此,领导者要从自身做起,轻易不言,言则有信;要以诚信赢得民心和群众的爱戴。同时,还要鼓励那些说实话、做实事的同志,努力营造人人讲诚信、事事守诚信、相互以诚相待的良好氛围。也只有在这样的氛围下,诚信才会成为资源,才会成为动力,各项工作才会更上一层新台阶。

工作尽力,精益求精,负责的形象

所谓"领导",在法律定义上是"负责人"。负责人要负责,这是所谓"负责人"的职责。群众通常不是听领导者说什么而是看领导做什么。如果群众看到领导者没有全力以赴,他们也不会努力工作。因此,优秀的领导者从不流于空谈,一旦确立了工作目标,就会尽心尽力、行动果断、精益求精。这既是对工作负责,也是对群众负责,更是对自己负责。

案例 有三个木匠,他们怀着不同的目的,同一天进入工厂上班。

第一个木匠,工作目的就是混口饭吃,工作目标是能养活自己就行。所以他上班时经常磨洋工、混日子,不久后他被工厂辞退,失去了工作。几番周折,终于找到第二份工作。但他的工作目标和工作态度没有任何改观,依然如旧。因此,他一辈子都在为自己的生计奔波。

第二个木匠,工作的目的是为养家糊口,所以,他每天准时上班、按时下班,从不迟到早退。为了获得加薪的机会,他的工作表现积极主动。因为时常想到自己对家庭的责任和义务,所以他总是咬牙忍受着身体的疲惫和巨大的工作压力。他的最大愿望就是早日退休，彻底摆脱辛苦的劳作。

第三个木匠，工作目的和前两位明显不同。他一直有个梦想，梦想成为一名伟大的工艺师，有朝一日亲手雕刻出举世无双的艺术作品。为实现梦想，他总是全力以赴、专心致志地投入每一项工作，力求每一个细节都做到完美；他利用空余时间去学习设计，提升艺术修养和制作技艺。终于有一天，他获得了去人民大会堂装修的机会，并亲自为人民大会堂设计和制作了一套精美的明清家具。从此以后，他声名远扬，他的每一件作品都价值连城。（资料来源：《管理故事：木匠的目的》，中国人力资源开发网2009年12月2日）

三个木匠的故事启示我们，为薪酬而工作的人可能终生无所成就，为了生计而工作的人会劳累辛苦些，只有为了理想认真工作、精益求精的人才能够功成名就。作为领导者也是如此。

如果领导者希望最大限度地影响下属或群众，获得更多的人认可、追随，就应该工作尽力、精益求精，在群众面前树立负责的形象，并且主动锻造与提升领导力。如果一个领导者不能给群众以负责的印象，那么他危害的就是整个领导阶层的威信，权威也就会在某种情景下丧失。

办事利落，不拖不延，干练的形象

管理学者指出，作为一个领导者应该首先是一个干练者。干练，就是要精通业务、会干事、干成事。既要有较高的理论和业务水平，又要善于联系实际；既要会操作，又要会谋划；既要善于继承，又要勇于创新，与时俱进。这样才能做到"办事利落，不拖不延"，才能养成干练的工作作风。

案例 作为中国特色社会主义改革开放和现代化建设的总设计师,邓小平在他波澜壮阔的革命生涯中,展现出了高超的领导艺术。邓小平的领导风格,既大胆稳重又善于突破陈规,既有原则性又有灵活性,既注重大方针又讲究局部方法,当然,他的处事果断、作风干练也是有目共睹的。

"不可拖延,不宜拖延,宜速决断",这是邓小平批示文件时最常用的词语,也是最能代表他行事风格的词语。他的语言和他的做事方式如出一辙,说话不甚讲究文采,几乎从不兜弯子,直接切入主题,解决问题,非常干脆。虽然讲话很少,但每一句话都一语中的,从不拖泥带水。战争年代,毛泽东就评价说:"看小平的文章,就像吃冰糖葫芦一样爽快。"

1979年1月1日,中美正式建交27天后,时任中国国务院副总理的邓小平访问美国。他坚持一贯的工作作风,争分夺秒、不知疲倦地走访美国各地,同各界人士广泛接触交流。有人统计,访美9天,他出席了近80场会谈、会见等活动,参加了约20场宴请或招待会,发表了22次正式讲话,并8次会见记者或出席记者招待会。美国人第一次近距离领略了新中国领导人的风采,并且为之"深深着迷"。

1979年元旦出版的美国《时代》周刊封面人物就选择了邓小平,标题是"邓小平,中国新时代的形象"。文中惊叹:"一个崭新中国的梦想者——邓小平向世界打开了'中央之国'的大门,这是人类历史上气势恢宏、绝无仅有的一个壮举!"1979年2月5日,即邓小平离美回国之日,他的形象再度出现在《时代》封面上,标题是

"邓来了"。美国媒体说，邓小平在美国掀起了"邓热潮""中国热"，他的访问是"中国的愿望、尊严和外交灵活性的象征"。（资料来源：《邓小平访美 30 年回眸：邓小平，中国新时代的形象》，中华网论坛 2009 年 2 月 9 日）

干练是一种能力，可以让平凡的人有不平凡的成就。干练是做事最根本的素质，它超越了语言层次，是领导者能力的体现；它可以使人们确信领导者胜任领导职位，并愿追随他去冲锋陷阵；干练就是效率，干练带来成效，干练成就领导。

博览群书，勤思善断，智慧的形象

非学无以广才，非才无以济世。在当今时代，政治、经济、社会、文化科技等各方面都在发生着日新月异的变化，新时代、新任务、新要求，各项挑战难度不断加大，领导者需要无界的知识，需要跨界的知识，需要融合的知识。

习近平总书记在纪念刘少奇同志诞辰 120 周年座谈会上发表重要讲话指出，学习本领是领导干部必须具备的第一位本领，同时要善于把学到的本领运用到实际工作中去，努力做到知行合一、以知促行、以行求知。这对党员干部加强学习提出了明确的要求，而读书无疑是学习进步的主要路径之一。通过阅读，从书籍中汲取知识，提升政治素养、能力素养，不断完善办大事、应万变的工作能力，可以有效适应新形势下的更高要求。

作为一名领导者，应自觉做到喜爱读书、善于读书、读好书，做到博览群书，勤思善断，以学增智、以学修身、以学增才、以宽广的眼界认识世界，把握时代脉搏，认清面临的机遇与挑战，不断提升胸怀大局、审时度势、把握大势、适应形势的能力，增强开拓创新、干事创业、拼搏奋进的积极性和主动性，提高领导水平。

我们党的领导者历来都重视读书学习，带头读书学习，提倡读书学习。毛泽东曾提出："将我们全党的学习方法和学习制度改造一下。"邓小平说过："不注意学习，忙于事务，思想就容易庸俗化"，并要求"全党同志一定要善于学习，善于重新学习"。江泽民强调："大家要学习，学习，再学习。"胡锦涛指出："不学习，不坚持学习，不刻苦学习，势必会落后，势必难以胜任我们所肩负的重大职责。"习近平总书记曾多次组织中央政治局集体学习，他强调："本领不是天生的，是通过学习和实践来获得的，好学才能上进。中国共产党依靠学习走到今天，也必然要依靠学习走向未来。"这些都充分反映和说明了我们党在学习问题上的高度清醒、高度自觉和高度重视。在这方面，伟大的人民公仆周恩来堪称广大领导者的楷模。

案例 周恩来少有大志，他在沈阳读书时的一篇作文中写道："圣贤书籍，各种科学，何为为吾深究而悉讨？师之口讲指画，友之朝观夕摩，何为为吾相切而相劘？非即欲吾受完全教育，成伟大人物，克负乎国家将来艰巨之责任耶？"学生时代的勤勉刻苦奠定了周恩来一生学问的基础。

1939年3月，有一次周恩来在延安作报告时自勉勉人地说："我们不但要做党的领导者，还要做一个治国的人才。如果参加中国的治国，不懂科学，不懂中国的社会历史，那怎么治国呢？只是过去苏维埃的一套就不够了。""要看到我们自己的许多弱点，这就要虚心学习，到处学习，既要向书本学习，还要在大众里学习。"

> 周恩来的博学多才有口皆碑，美国前总统尼克松称赞他对哲学、政治和历史都很在行。其实，周恩来的才情还远不止这些，他精通好几种外语，在戏剧、音乐等艺术领域也有相当的修养。人人都佩服周恩来在刁难的外国记者面前应付自如、妙语连珠，殊不知这正是他博览群书、厚积薄发的结果。他的许多知识都是在投身革命后自学得来的。1957年，他对别人说过："我办外交，也是从不会到逐渐学会一点点的，我相信，只要肯学习，外行总能变内行的。"（资料来源：胡长明：《大智周恩来》，中共党史出版社2008年版）

在中国特色社会主义进入新时代、中华民族前所未有地接近伟大复兴目标、中国日益走近世界舞台中央的背景下，面临国内社会和国际社会的错综复杂形势，更需要各级领导者胸怀和围绕世界百年未有之大变局和中华民族伟大复兴战略全局，从读书学习中借鉴和汲取智慧营养、认识和掌握规律、看清和把准发展潮流。进而做到学以致用、学用相长，切实把学习到的宝贵营养转化成实实在在的政治素养和能力水平，不断提高政治能力、调查研究能力、科学决策能力、改革攻坚能力、应急处突能力、群众工作能力、抓落实能力。只有勤于学习、善于学习、博览群书、勤思善断，才能像周恩来一样，树立起智慧型领导者形象，以更好地胜任新时代的领导工作。

谈吐幽默，表情丰富，达观的形象

美国著名心理学家吉尔福特通过研究发现，具有较高创造力的人往往具有以下特点：独立性高、求知欲强、好奇心重、知识面广，以及富有幽默感。而对于领导者来说，幽默感是亲和力的直接表现，也是与下属或群众沟通的金钥匙。

在美国政坛中，每个政客都要接受幽默的训练，以图在演讲与辩论中抓住听众的心，展现自己的机智。人们甚至有一种潜意识：在美国政界，一个不具幽默感的人是不配从政的。事实上，我国领导人中也不乏具有幽默品质者，其中周恩来就是以幽默机智、风度翩翩而驰名中外。郭沫若曾评价周恩来"考虑问题之迅速如点火击空，之周密如水银泻地"。柬埔寨前国王西哈努克也曾评价周恩来是他"遇见的国家领导人中最聪慧、最幽默的一位"。

案例 20世纪50年代初，有一次，周恩来在中南海勤政殿设宴招待外宾。宾客们对鲜美适口、制作精良、琳琅满目的中国菜都赞叹不已。正在大家兴高采烈地享用美味佳肴时，服务员上来一道汤菜，汤里有冬笋、蘑菇、红菜、荸荠等多种食材，而且食材都雕刻成了各种图案，可谓色、香、味俱佳。其中，冬笋片的图案最为特别，是按照民族图案刻的。结果，汤端上桌后，冬笋片在汤里一翻身，民族图案恰巧变成了法西斯的标志。宾客们见状，不禁怛然失色、瞠目而视，连忙向周恩来请教。对此情景，周恩来也感到十分突然，但他随即神色自若、从容不迫地解释道："这不是法西斯的标志！这是我们中国传统中的一种图案，念'万'，象征'福寿绵长'的意思，是对客人的良好祝愿！"紧接着，他又风趣地说："就算是法西斯标志也没有关系嘛！我们大家一起来消灭法西斯，把它吃掉！"话音未落，宾主哈哈大笑，气氛更加热烈，这道汤也被客人们喝得精光。

幽默是一种值得推崇的心理特质，而有幽默感的领导往往也会受到更多的追捧。古今中外，从民族领袖，到企业总裁，如果能适时地展露一点儿自己的幽默天赋，必然会受到下属或群众更多的爱戴。

控制情绪，深沉稳健，成熟的形象

情绪不仅影响所做出的判断，也决定了情绪信息的正确传递。情绪表现与理性之间的经常性矛盾和不一致现象，实质就是所谓的为人成熟度不足。领导力是通过领导者与他人之间的关系发生作用的，情绪上的脆弱，使领导者的思虑经常与事实不相符，与群众之间疏远了关系，少了一份亲和，领导力大大受损。极端情况下，甚至众叛亲离、沦为孤家寡人。

优秀的领导者普遍掌握了在困境中保持乐观情绪的秘诀，在顺境当中保持居安思危的意识。反之，领导者如果直接以情绪作决定，或因为情绪当头扰乱心旌、误传信息，是会破坏领导威信的。因为这样的领导者给群众的印象是前后不一、不可依靠的。

案例 1901年，罗斯福以民主党人的身份开始涉足政界。当他把这个决定告诉身为共和党人的总统叔叔时，对方怒而骂道："你这个卑鄙的兔崽子！你这个叛徒……"但是富兰克林·罗斯福没有改变前进方向。

他乘着一辆红色的汽车，每天进行十多次演说，最终当选纽约市参议员。1913年，威尔逊总统任命他为海军助理部长，他在任7年，表现杰出，主张建设"强大而有作战能力的海军"。1919年，罗斯福为威尔逊的国际聪明计划奔走游说，结果导致1920年竞选副总统失败。虽然此次竞选失败了，但他作为政治新星的光芒却未曾削减。此后，罗斯福出任马里兰信用与储蓄公司的副董事长，同时又重操律师职业。此外，罗斯福还从事各种商业冒险活动。

智慧、干练、胸怀宽广、深孚众望，似乎什么都不能阻挡这个39岁的男人迈上政治巅峰的脚步。但是，无情的灾难就在这时降临。1921年8月，罗斯福带全家在坎波贝洛岛休假，在扑灭了一场林火后，他跳进了冰冷的海水，因此患上了脊髓灰质炎症。高烧、疼痛、麻木以及终身残疾的考验，并没有使罗斯福放弃理想和信念，他一直坚持不懈地锻炼，企图恢复行走和站立能力，他用以疗病的佐治亚温泉被众人称之为"笑声震天的地方"。在康复期间，罗斯福大量阅读书籍，其中有不少传记和历史著作，却几乎没有经济学或哲学著作。

1928年，在罗斯福夫人的理解与支持下，罗斯福重返政界，参加州长竞选而险胜，于1929年出任纽约州州长（1930年再次当选州长）。纽约可以说是罗斯福培养进行政治活动和管理国家事务的能力的实验场所。1932年美国总统竞选是在严重经济危机的背景下进行的。民主党总统候选人罗斯福主张实行"新政"。政敌们常用他的残疾来攻击他，这是罗斯福终生都不得不与之搏斗的事情，但是他总能以出色的政绩、卓越的口才与充沛的精力将其变成优势。首次参加竞选他就通过发言人告诉人们："一个州长不一定是一个杂技演员。我们选他并不是因为他能做前滚翻或后滚翻。他干的是脑力劳动，是想方设法为人民造福。"依靠这样的坚忍和乐观，罗斯福终于在1933年以绝对优势击败胡佛，成为美国第32届总统。

新时代领导者要打造"看起来像个领导"的视觉标志

世界著名的投资公司曾经做过一组社会调查，他们在美国前300强的企业中间随机选择了100个企业的经理人CEO，这100人中间认为善于展示外在形象魅力者容易获得升迁机会的达到了97%，他们在这些CEO选拔中层领导干部进行面试的时候，那些不善于展现外在形象魅力，而在面试过程遭到淘汰的达到了93%。进一步提问，他们是否愿意与外在形象无魅力的上司相处？这100个被调查的CEO中表示"不愿意"的达到了92%，超过了九成，有的数据还接近100%。

领导者的外在形象魅力是一种作用很强的非语言的交流方式。领导者的外在形象魅力，不仅包括服装、发型这些物质层面的因素，气质、精神状态等因素同样重要。而领导者展现给他人的精神面貌，如热情、开放、积极、坚定等，很大程度上是通过肢体语言来展现的。有一项研究表明，人的情感沟通能力只有7%是通过语言来表现的，37%与你在话中所强调的词有关，56%完全与言辞无关。也就是说，有超过一半的领导形象的塑造，不在于你怎么说，而在于你无言时的表现，即仪态。

仪态，又称"体态"，是指人们在行为中表现出来的姿态，或者说是人们在外观上可以明显地察觉到的活动、动作，以及在动作、活动之中身体各部分呈现出的姿态。这些外部的表现是其内在品质、知识、能力等的真实流露，它们自成体系，像有声语言一样具有特定的规律，并具有传情达意的功能。哈佛商学院有一项研究显示，在人的事业发展过程中，视觉效应是人的实际能力的九倍。因此，"看起来就像个领导"，是获取别人信任的第一步。

良好的仪态是领导者的第一张名片，是领导者精力充沛、充满自信的完美表达，也是其彰显领导魅力的有效途径。因此，领导者的仪态不仅要气宇轩昂、庄严大度，使人肃然起敬，而且还要符合身份，适合场合，得体适度、保持风度，做到美观优雅、自信稳健。只有如此，才能"看起来像个领导"。

自如掌控肢体语言

肢体语言作为语言交际的"第二表现方法"，不仅可以弥补有声语言的不足，而且可以在特定的交际环境中起到"此时无声胜有声"的作用，因为公众在接收信息时，不仅"听其言"，而且也在"观其行"。美国作家威廉姆·丹福思曾有这样一段描述："当我经过一个昂首、收下颚、放平肩膀、收腹的人面前时，他对于我来说，是一个激励，我也会不由自主地站直。"很多时候，领导者的一个动作、一种体态都可以传递出其丰富的内心世界，成为衡量其是否具有领导魅力的依据之一，甚至可能会成为下属"崇拜""跟风"的样本。因此，自如掌控肢体语言，是领导者塑造良好仪态、彰显领导魅力的第一步。

> **案例** 作为美国历史上第一位非洲裔总统，贝拉克·侯赛因·奥巴马深谙于此，并恰当地运用了这一点。很多人听完奥巴马的演讲后甚至不记得他说了什么，因为他们沉醉在他的风度和魅力中。哈佛商

学院工商管理分院高级副院长、工商管理教授,伦敦商学院教务长,蜚声世界的营销学专家约翰·奎尔奇,在解读奥巴马竞选总统的营销制胜之道时说:"奥巴马始终保持着正面、开明、平易近人、沉稳、自信、充满活力、干练而有决断力的形象,保持着一致的'品牌形象'。他有非常好的倾听和沟通技能,除此之外,他还有非常好的行为举止仪态。而且似乎没有任何东西可以激怒他,让他失态。"

然而,不可否认,在现实生活中,有相当数量的领导者却总是与此背道而驰。要么习惯于做"小官僚",到哪都把双手搁在肚皮上,或是高傲地别在身后,显示出领导的派头;要么下基层视察时,左看看、右看看,脚步迟缓,与现代社会的工作节奏严重脱节;要么在正式场合或见到更高级别的领导时,紧张得坐立不安或不停地摆弄自己的手脚,透露出胆怯、不安、害怕和缺乏自信的信号;要么站在主席台上,在大庭广众之下抓耳挠腮,将手插在裤袋里或交叉在胸前,或者站立时歪脖、斜腰、屈腿,等等。诸如此类,都是不能很好掌控肢体语言的表现。

人际交流专家马莎·费尔斯通博士说:"一个特定的信息可以由多种非语言的行为来传递。如果在一次特定的交流中,持续出现一种表达积极信号的非语言的行为,那么这次交流肯定是向着积极的方向发展。"那么,领导者如何通过自己的肢体语言表达积极的信号,以使自身领导形象及其领导活动向着积极的方向发展呢?

其实,在我们中华民族源远流长的礼仪文化中就有许多可借鉴之处。比如我们常说的"站如松,坐如钟,行如风",尽管这是中国传统礼仪的要求,但在当今社会同样具有重要意义,而且被赋予了更丰富的含义。

所谓"站如松",就是站得要像松树一样挺拔。即站正,身体重心放在两脚中间，不偏左或偏右，挺胸收腹立腰，两眼平视，嘴微闭，面带笑容，双肩舒展，双臂自然下垂（在背后交叉或体前交叉亦可），两腿膝关节与髋关节展直。不要出现双手叉腰，双手抱在胸前，双手插入口袋，或身体东倒西歪依靠物体，或弯腰弓背、耷拉脑袋，或挺着肚子、岔开双腿等不雅姿态，更忌讳无精打采。

所谓"坐如钟"，就是坐得要像钟那样端正。上体自然坐直，两腿自然弯曲，双膝并拢，双脚平落地上自然分开成45°角，臀部在椅中央，腰部靠好，两手放在双膝或扶手上，胸微挺，腰伸直，目平视，嘴微闭，面带笑容。

所谓"行如风"，是指走起路来像风一样轻盈稳重，有雅致的步态。即上体正直，不低头，眼平视，面带笑容，两臂自然前后摆动，肩部放松，身体稍向前，重心在脚掌前部，挺胸、收腹，小腹用一点点力使身体略微向上挺。走路不要前俯后仰，左右摆晃。

案例 有一位美国华侨，到国内洽谈合资业务，洽谈了好几次，最后一次来之前，他曾对朋友说："这是我最后一次洽谈了，我要跟他们的最高领导谈，谈得好，就可以拍板。"过了两个星期，他又回到了美国，朋友问："谈成了吗？"他说："没谈成。"朋友问其原因，他回答："对方很有诚意，进行得也很好，就是跟我谈判的这个领导坐在我的对面，当他跟我谈判时，不时地抖着他的双腿，我觉得还没有跟他合作，我的财都被他抖掉了。"（资料来源：谷玉芬：《服务礼仪案例40例》，职业餐饮网2007年7月12日）

罗伯特·舒克在《赢家形象》一书中说，一个好的自我形象不一定会带来成功，但它却能够极大地推进成功的进程。纵观那些取得成功的领导者，在自我形象魅力的塑造过程中，大都善于控制自己的肢体语言。而站、坐、行走、举手投足这些每天无数次重复的肢体语言都包含了礼仪常识在其中，领导者只要稍加注意和修饰，其仪态就能焕然一新。

塑造"看起来像个领导"的标志性仪态

所谓标志性仪态，是指人们在成长过程和生活环境中长期形成的，能恰当地表达和展现自身形象，又具有区别于他人的个人风格的习惯性仪态。在社会交往和领导活动中，领导者的标志性仪态就是一张无形的"名片"，人们可以通过它判断出你的身份、地位、学识、能力，并因此而影响对你信任的程度、交往的深度等。因此，领导者塑造"看起来像个领导者"的标志性仪态，是展现领导魅力必不可少的一步。

西方有句名言："你可以先装扮成'那个样子'，直到你成为'那个样子'。""看起来像个成功者和领导者"在你的事业中会为你敞开幸运的大门，让你脱颖而出。民主选举时，由于你"像个领导"，人们会投你一票；提拔领导时，由于你"像个领袖"，你会被领导和群众接受；对外进行商务交往，由于你"像个成功的人"，人们愿意相信你的公司也是成功的，因而愿意与你的公司进行交易。相反，追求成功的人如果只注重培养能力，而忽略了对形象的塑造，必定影响其成功的速度。

对于经常出现在媒体上的政治家来说，他们的形象对于选票的影响千百次地证明了"看起来就像个成功的人"的标志性仪态的重要性。政治家们只有经得起千千万万个选民的百般挑剔才能够走向成功。因此，"看起来像个领袖"对于政治家们来说，是获取选民信任的第一个至关重要的条件。

正是"看起来像个领袖"的魅力,使里根、克林顿、肯尼迪、希拉克、撒切尔夫人等人满足了选民对领袖形象的要求而连任。杰出的政治家都深刻地认识到"看起来像个领袖"在选民中的重要影响,都雇有形象设计师及沟通交流专家、社会心理学家为他们塑造一个能表现自己最佳形象的模式,对自身影响形象的任何一个因素,包括服饰、发式、声音、手势、仪态、表情等都精心地设计。如果"看起来不像个领袖",无论其政治观点多么深入人心,也会失去很多追求"魅力领导人"的选民。这样的例子在国际政坛数不胜数。

案例 1960年尼克松与肯尼迪之争中,老牌政治家尼克松似乎在资历上占有绝对的优势,但是却忽略了对自己"看起来像个领袖"的形象设计,以至于贵族家庭出身的肯尼迪评价他:"这家伙真没有品位!"受到家族的影响,肯尼迪懂得如何利用自己的外在优势获取选民的信任。

在竞选电视辩论环节中,英俊潇洒、风度翩翩、活力四射的肯尼迪浑身散发着领袖的魅力,表现得沉稳自信、镇定从容,让人感觉他不仅能主宰美国政坛,而且足以平衡世界局面。在电视节目中,一个握手动作就使得一位政治评论家宣称"肯尼迪已经获胜"。他提出"不要问国家能为你做什么,问一问你能为国家做什么"的口号,更是激起了美国人民的爱国热潮。肯尼迪成为美国人理想的领袖形象。(资料来源:根据英格丽·张著:《你的形象价值百万:世界形象设计师的忠告》整理,中国青年出版社2008年版)

其实,在西方商界也不乏这样的例子。

案例 本杰明是个雄心勃勃的人,但是,在进入德意志银行之前,他多年得不到提拔。在进入德意志银行3年以后,他接受了形象设计师的忠告,处处以领导者的形象和姿态来要求自己,他最大的爱好是模仿英国前首相布莱尔和美国前总统克林顿。无论是外观还是言辞,无论是表情还是动作,他都以这些世界领袖为标准。3年以来,步步高升的本杰明,终于坐在了自己前老板的椅子上。本杰明总结自己的经验是:像领导那样思考,像领导那样举止,像领导那样说话,那么,你就是领导。(资料来源:英格丽·张著:《你的形象价值百万:世界形象设计师的忠告》,中国青年出版社2008年版)

要成为优秀的领导者,首先要姿态端正,"看起来像个领导者",这也是精力、信心十足的明证。

一般而言,"看起来像个领导者"的标志性仪态往往具有以下特点:微缩下巴,挺直颈部;紧闭双唇,合紧牙根;眼珠不乱扫,情绪不浮躁;收下腹,用力呼吸;挺直腰杆,振奋精神;步行时有力度、节奏感,不弯腰驼背;情绪安定、感情不外露;不把"办不到""伤脑筋"挂在嘴边;不灰心、不自满、不偏袒、不发怒、不气馁、不怠惰、不急躁、不消沉、不屈服,等等。其实,这也是大多数公众所期望的魅力领导者形象。

新时代领导者要发挥"小手势"的"大作用"

手势,指的是手臂和手部的一切动作。手势语是人类用语言中枢建立起来的一套用手势进行传情达意的特定语言系统,被称为"口语表达的第二语言"。不同的手势传递不同的情感和信息,体现着人们不同的内心活动和对待他人的态度。因此,手势的运用是否恰当,会直接或间接地给语言以不同的影响。

在领导活动中,领导者如能以生动形象的有声语言,配上准确、精准的手势动作,必然会使讲话更富有感染力、说服力和影响力,也会使领导者的个人形象更具魅力。然而,在领导活动的具体实践中,手势是运用最广泛、最频繁也是最难把握的体态语。领导者一旦运用不当,不但语言表达无益,还会对领导形象起到消极作用。

那么,领导者如何准确、恰当地运用手势,并充分发挥"小手势"的"大作用"呢?笔者以为,应把握以下基本原则。

雅观自然

在领导活动中,领导者运用手势的姿势动作不同于戏剧舞台,它不是特意设计排练出来的,而是在领导活动中自然流露出来的,是领导艺术的重要组成部分。这就要求领导者的手势运用应根据领导活动的需要，恰当得体地运用，做到动作优雅、造型优美、符合生活美学要求。另外，手势贵在自然，它是内在情感的自然表露，而不应是生硬的做作。做手势是为了帮助表情达意，如果达不到这个目的，那只能算是画蛇添足。

在现实生活中，有的领导者误认为，有手势比无手势好、手势多比手势少好。事实上，令人眼花缭乱的手势只能显露出自己的慌乱和无助，除此之外，无任何意义。因此，领导者不能为了手势而手势，手势既不能过于繁多，以至于喧宾夺主，又要克服和避免搔头皮、理头发、擦鼻涕、用食指指向他人等难登大雅之堂的习惯性手势，更不能过于造作、花哨、故作姿态，比如把舞蹈中的"兰花指"之类用到讲话中，等等。

案例 曾任美国总统的老布什，能够坐上总统的宝座，与他的仪态表现分不开。1988年，在总统选举中，布什遭到对手杜卡基斯猛烈抨击，批评布什是里根的影子，没有独立的政见。事实上，布什在选民中的形象也确实不尽如人意，在民意测验中一度落后于杜卡基斯十多个百分点。但出人意料的是，两个月后，布什却以其焕然一新的良好形象扭转了劣势，反而领先对手十多个百分点，创造了奇迹。

原来布什有个毛病，他的演讲不太好，嗓音又尖又细，手势及手臂动作比较死板，身体动作不美。后来，布什接受了形象专家的指导，不仅纠正了尖细的嗓音，还改变了死板的手势和生硬的摆动手臂的动作，结果就有了新颖独特的魅力。在以后的竞选中，布什竭力表现出强烈的自我意识，改变了人们对他的评价。同时，为显示其"平民化"的形象,他配以卡其布蓝色条纹厚衬衫,以获得更多平民选民的选票,终于获得了竞选的最后胜利。

协调一致

手是人体器官之一,而人体运动具有整体连贯性,手的动作姿态必然牵动人体其他部位。因此,领导者运用手势,首先要与身体姿势、眼神、表情等协调一致。领导者如果手势语与其他体态信号不一致甚至相互矛盾,会使群众下属产生困惑,造成不良影响。比如,一个领导者用手示意右边的人,而身体和面部却朝着左边的人、目光注视左边的人,容易使人产生疑惑?同时,领导者的手势也应与口头语言协调一致。

一是在运用时机上要与口头语言配合一致,防止脱节。同一种手势,在不同的国家、地区,往往会有不同的含义,如竖起大拇指,多数国家表示"好""称赞"之意,而在欧洲则表示"请求搭车"、在日本指"老爷子"、在澳大利亚却是一种粗野的动作。还有招呼别人、敲额头、搔头皮以及"V"形、"OK"等诸多手势在一些国家和地区都存在着歧义,所以领导者在运用时应当格外留神,注意手势的运用时机,不可乱用,以免产生误会,甚至酿成大错。

案例 1990年7月,在孟加拉国的新一届议会召开期间,立法者狂暴地谴责航运部长阿布杜·罗布作出的一个手势。"这不仅是对议会的侮辱,更是对整个国家的侮辱,"孟加拉国民族主义政党的议员领袖巴德鲁多扎·乔德呼利愤慨地说。究竟罗布做了什么动作而引起如此强烈的愤怒呢?据说他涉嫌做出"竖起大拇指"的手势。在美国,这个手势意味着"进展顺利";在中国,很多人用这一姿

势表示"真棒";但是,在孟加拉国,它对人是一种侮辱。(资料来源:《礼仪宝典》,心灵会客厅博客2007年5月6日)

二是在手势的运用上要与所表达的内容协调一致。如畅谈理想、展望未来、讴歌光明和鞭挞黑暗时,手势就具有象征性、情感性,动作幅度和力度应强烈些。而在叙述事情、分析比较和说明道理时,动作则应轻快舒展、流畅自然,幅度和力度不宜过大。

三是手势要与所表达的态度、情感协调一致。如表达急切期待、跃跃欲试的情感时可以摩拳擦掌,而不该背手踱步;表达悲痛欲绝的沉重心情时应是捶胸顿足,而不应高举拳头或招手致意。这样内外一致,相得益彰,会增强语言的感染力和手势姿态的表现力,提高表达效果。

有礼有节

大量的心理实验结果表明,体态语言比有声语言真实得多,是人内心世界的昭示和真实想法的流露,会引起交往对象的格外注意。因此,领导者在运用手势时,一定要做到尊重他人、有礼有节,特别是对于一些常用的礼节性的手势,更应该严格遵循相应的礼仪规范。

比如,握手作为人们日常生活中最常见、运用最广泛的手势,就有许多礼仪规范:一方面,握手应注意姿势。握手时,应与对方相距大约一步远,上身略微前倾,两腿立正,伸出右手,四指并拢,虎口相交,拇指张开下滑,向受礼者握手,时间一般以1~3秒为宜。初次见面时握手不宜太用力,过紧地握手或只用手指部分漫不经心地接触对方的手都是不礼貌的。年轻者、职务低者被介绍给年长者、职务高者时,当年长者、职务高者用点头致意代替握手时,年轻者、职务低者也应随之点头致意。与年轻女性或异国女性握手,一般男士不要先伸手。握手时,年轻者对年长者、职务低者对职务高者都应稍稍欠身相握,有时为了表示特别尊敬,可用双手迎握。另一方面,握手要分清对象。长辈和晚辈之间,长辈伸手后,晚辈才能伸手相握;上下级之间,上级伸手后,下级才能相握;男女之间,女方伸手后,男方才能伸手相握,当然,如果男方为长者,遵照前面说的方法。男士与女士握手时,一般只宜轻轻握女士手指部位。握手时双目应注视对方,微笑致意或问好,与多人同时握手时应顺序进行,切忌交叉握手。为表示尊重对方,不要戴着手套和他人握手。除非确实不便握手,否则在任何情况下拒绝对方主动要求握手的举动都是无礼的。诸如此类礼节性的细节问题,看似不起眼,但如有不慎,不仅会影响领导魅力的提升,而且极有可能造成误会或耽误大事。

案例 有一次,某国外代表团来华访问。访问活动为期一周,每天都有专人陪同,精心照料代表团成员的饮食起居,各项活动进展非常顺利。代表团即将离华的前一天晚上,接待单位为给代表团饯行,特地举办了一场小型宴会。席间,当问到代表团团长此行有何感受、对接待是否满意时,对方回答说:"在中国的这几天我们都感觉很充实,你们的工作做得非常好,但是,有一位先生好像对我有意见,这让我很不开心。"说完,他用眼神示意坐在邻桌的一位小伙子。

领导立刻找小伙子问话,谁知他也吓了一跳,觉得很委屈。询问详情得知:原来从代表团下飞机起,小伙子每次与对方握手时,都只是"象征性"地轻握一下,且握手时眼睛还看向其他地方,就是这个小细节让代表团团长"很不开心"。因为代表团团长认为,这样握手说明对方对自己很不重视，或者很有意见，因此这几天都闷闷不乐，不知道究竟是怎么回事。事实上，小伙子并不是真的对他有意见，只因不懂握手的礼节，加上其他人也没注意到他的疏忽，因此才一错再错，"得罪"了代表团。（资料来源：根据张国斌著《亮出最好的自己——外交官浅谈国际礼仪》整理，中信出版社2008年版）

礼仪问题来不得半点马虎，很多时候，甚至有可能出现"一招不慎，满盘皆输"的局面。因此，领导者运用手势时，应严格遵守其礼仪规范，同时，还应注意纠正在日常生活中不自觉流露出的一些失礼之举，如端起双臂、双手抱头、摆弄手指、手插口袋、十指交叉、双手叉腰、随意摆手、指指点点、搔首弄姿等。尤其是面对公众时，用手习惯性地抚摸头、鼻子、嘴、眼镜等动作往往会给人不伦不类、"有失身份"的感觉。

因人制宜

在领导活动中，领导者如能适时、恰当地运用手势，不仅可以表现出领导者的成熟、自信、涵养，还能表现出其不同凡响的气质和风度。因此，领导者应根据自身条件，选择符合自己身份、性别、职业、体貌，并且能突出自己特点的、富有表现力的、得体的手势。要因人制宜地运用手势，而不应刻意去追求那种千人一招、万人一式的模式化的手势动作。

案例 1953年1月，杜勒斯出任美国国务卿，一直推行反共政策。作为美国出席日内瓦会议代表团团长，他特别强调要孤立和打击中国代表团,甚至不允许跟中国代表团人员接触,包括不许跟中国代表团人员握手。

会议期间,尽管会议上难免有尖锐的交锋,但会上会下该有的基本礼节还是讲究的。会议刚开始一周,杜勒斯便返回美国,由副国务卿史密斯留下继续参会。有一天,会议休息期间,大家来到休息厅闲谈。这时,史密斯主动来到担任周恩来翻译的浦寿昌面前与之交谈。周恩来看到后,走过来主动跟史密斯打招呼,并向他伸过手去。可能碍于之前杜勒斯不允许跟中国代表团人员握手的规矩,史密斯没有任何表示。对此,史密斯感到非常难堪,因为这样有失风度和外交礼仪。所以,当周恩来跟法国外长交谈时,史密斯很不好意思地凑上来,插话道:"每次我走近周恩来先生,记者就会说我和周恩来先生握手了。"周恩来答道:"我已经伸出手来了。"史密斯赶紧辩解:"我刚才一手拿香烟,一手拿杯子,下次我会伸得比您快。"周恩来一笑了之。第二天,会议结束。各国代表团来到休息室相互道别,史密斯也来了。当周恩来走进休息室的时候,史密斯赶紧上来搭话,并伸出右手握住周恩来的左臂。(资料来源:徐京利著:《解密中国外交档案》,中国档案出版社2005年版)

毫无疑问,史密斯这样的握手动作,从礼仪的角度而言,是不符合礼仪规范的。但是,从社交的角度而言,作为副国务卿,他既没有违反国务卿杜勒斯不准跟中国人握手的规定,又巧妙地弥补了昨天之失。这是因人制宜地运用手势的一个成功范例。

就性别而言,男性领导者的手势一般刚劲有力,外部动作较多,手势幅度较大;而女性领导者的手势柔和、细腻、舒缓,手心向内的动作较多,手势幅度较小。

就年龄而论，年长的领导者以手势幅度较小、精细入微、稳健庄重为宜；中青年领导者以手势幅度大、轻快活泼为好。

就手势本身来讲，从容缓慢的大幅度手势，带有激情和紧迫性的感觉，由于它的生动性能够引起人们的注意，这种手势常被称为"领导者的手势"；而小幅度的手势在表现上代表不同的心理状态：谦虚的人、内向的人、不愿引起别人注意的人，说话时的手势幅度不会过大。而工于心计的人、狡诈的人也试图以这种手势制造一种谦卑的假象，这就需要人们敏锐的观察和判断了。

从心理状态的角度而言，开诚布公的人，习惯在说话时将两手摊开；犹豫不决的人，习惯说话时双手互搓；而自我封闭的人，习惯将双臂抱拢，这种姿势带有防御和不自信的信号。

新时代领导者的着装原则

古今中外,衣着从来都是一种社会文化的体现,也是一个人文化修养和审美情趣的体现,是一个人的身份、气质、内在素质的无言的"介绍信"。古人说,人是衣服,马是鞍,服饰是人的第二皮肤。对于领导者而言,更是如此。在不同的场合,穿着得体、适度的领导者,会给人留下良好印象;穿着不当,则会降低领导者的身份,损害自身的形象。因此,领导者应十分注意自己的衣着形象,以更好地突出良好的领导形象,展现领导力。具体而言,领导者衣着一定要合体、合适、合意。

衣着合体

衣着合体就是指领导者的衣着要和自己的身体、体形相协调,根据自己的体形特点做到扬长避短。衣着只有与人体相结合,使衣服的色彩、款式、比例等均适合人体本身的"高、矮、胖、瘦",从而把服装与人体融为有机统一的整体,才能真正地穿出艺术,穿出风采。

衣着合体的基本准则是"统一、协调、变化"。身材较瘦,就不宜选用直条纹的服装,这样会使人显得更加单薄;身材较胖,就不宜选用横条纹的服装,这样会使人显得更加笨拙。身材矮胖、颈粗、圆脸形者,宜穿深色低"V"字型领、大"U"型领套装,浅色高领服装则不适合;身材瘦长、颈细长、长脸形者宜穿浅色、高领或圆形领服装;方脸形者则宜穿小圆领或双翻领服装。

配色要遵守的一条重要原则是根据个人的肤色、年龄、体形选择颜色。对于领导者而言，着装配色和谐要注意两点：一是上下装同色的套装，以饰物点缀。二是同色系配色，利用同色系中深浅、明暗度不同的颜色搭配，整体效果比较协调。全身着装颜色搭配最好不超过三种颜色，而且以一种颜色为主色调，颜色太多则显得杂乱无序，不协调。灰、黑、白三种颜色在服装配色中占有重要位置，几乎可以和任何颜色相配。年轻人着上深下浅的服装，显得活泼、飘逸、富有青春气息。中老年人采用上浅下深的色彩搭配，给人以稳重、沉着的静感。同一件外套服装，利用衬衣的样式与颜色的变化与之相衬托，会表现出不同的独特风格，能以简单的打扮发挥理想的效果，本身就说明着装人内在的修养。

案例 作为世界政坛上最耀眼的"铁娘子"之一的美国前国务卿赖斯的着装为人称道。赖斯的办公室内部安放着两面镜子，以便她从前后两个方向审视自己的衣着是否得体。无论出现在什么场合，赖斯的着装总能让人眼前一亮，从中也可折射出她对不同场合和不同环境以及自身形体肤色特点的把握，既有时尚感，又非常得体。不论是和中国领导人会面时，赖斯的浅米色镶黑边的外套，还是在日本、韩国、阿富汗访问时，赖斯的一身黑西装搭配白色耳环和白色珍珠项链，以及在巴基斯坦和印度出场时，赖斯的白色带浅条纹的套裙配白色耳环和白色项链都堪称"衣着合体"的典范。赖斯也被评选为"最会穿衣的女性"之一，被誉为"美国政坛黑珍珠"。（资料来源：《赖斯偏爱黑色长筒靴　办公室内安放两面镜子》，搜狐新闻2006年8月23日）

衣着合适

衣着合适就是领导者在服装穿着、饰物佩戴和配件使用等方面，都必须适应具体的职业、身份的要求。安德鲁·卡弗里克在认真地研究衣着对气质的影响后，写成了《成功与衣着》这本书。书中的主要论点是：衣着适合领导者特定的职业和身份，就会促进他的成功；反之，就会有损领导者的形象，从而不利于领导者气质的培养。

案例 作为德国的最高行政领导，德国前总理默克尔2005年上任之初不重视服饰，上任8个月，一次重要的民意测验中一下子掉了12个百分点。巨大跌幅，引起了执政党及默克尔的形象设计师和政治顾问们的高度重视。他们开始调查回访，为什么这位新上任的女总理给人们的印象不好？其中许多人不约而同地提到，这位女总理在他们心目中的形象像一个顽固的老村妇。这些政治顾问、智囊团成员立即针对默克尔在社会公众中造成不良印象的原因进行分析。发现其中一个主要原因是，默克尔作为一个女性政治家，她在公众场所展示的颜色形象暗淡、沉重，过于老气。于是，默克尔在政治顾问和智囊团的建议下，立即有针对性地进行了改进。她一改以往偏好的色彩沉重、灰暗的服装，穿上了经过精心设计之后的鲜艳服装，并将头发染成了浅黄色。通过改换服饰、发色等方式改进外在形象之后，当月的社会调查结果显示，默克尔在人们心目中的形象立马回升了4%，几乎有立竿见影之效。

可见，领导者的衣着是否合适、是否符合其角色身份，直接关乎领导者的权威性和公众对领导者的认可度。试想一下，一位国家领袖穿着背带裤站在台上发表演讲，恐怕只会让人感到滑稽，而不会对他产生尊敬，更不会认为他这样做会有什么魅力可言。所以领导者应该考虑到自己的职业、身份，以及所领导的是哪类人。领导者要让衣着最大限度地展示领导魅力，从而成为走向成功的有力催化剂。

> **案例** 美国前总统罗斯福年轻时，常常是一身花花公子打扮，给人以玩世不恭的富家子弟形象。在1910年，他为了竞选州参议员，一改往日装束，以朴素、勤劳的形象出现在乡村选民面前。为了获得更多选民支持，他驾着一辆既无顶篷又无玻璃的汽车，在丘陵、田野和泥泞的小道上奔波不止，经常弄得一身雨水或者满身灰尘。有一次，车子在半路坏了，他就步行约2000英里，走遍了各个村庄、店铺，走访了每一户居民。罗斯福终于感动了村民，在竞选中大获全胜。

一般而言，衣着款式简单而面料质地讲究的服饰，能显示出稳健、沉着、干练、大度的良好气质；而款式灵活多样、面料质地较好的服饰，则充分显示出洒脱、创新、向上的气质。因而，年长者、身份地位高者，选择服装款式不宜太新潮，应选择款式简单而面料质地讲究的服装。

饰物即领带、围巾、丝巾、胸针、首饰、提包、手套、鞋袜，等等，在着装中起着画龙点睛、协调整体的作用。胸针适合女性一年四季佩戴。佩戴胸针应因季节、服装的不同而变化。胸针应戴在第一、第二粒纽扣之间的平行位置上。首饰主要指耳环、项链、戒指、手镯、手链等。佩戴首饰应与脸型、服装协调。首饰不易同时戴多件，多戴则不雅而显得庸俗，特别是工作和重要社交场合穿金戴银太过分不适宜，不合礼仪规范。

男士饰物不宜太多,太多则会少了些阳刚之气和潇洒之美。一条领带、一枚领带夹,在某些特殊场合,在西服上衣胸前口袋上配一块装饰手帕就够了。

鞋袜的作用在整体着装中不可忽视,搭配不好会给人头重脚轻的感觉。着便装穿皮鞋、布鞋、运动鞋都可以,而西服、正式套装则必须穿皮鞋。男士皮鞋的颜色以黑色、深咖啡或深棕色较合适,黑色皮鞋适合于各色服装和各种场合。正式社交场合,男士的袜子应该是单一色的,黑、蓝、灰色都可以。女士皮鞋以黑色、白色、棕色或与服装颜色同色系为宜。总之,饰物的选用也应遵循"和谐美"的原则。

衣着合意

衣着合意首先是指领导者根据自己的爱好、情趣、个性和价值观、审美观,按照衣着的基本要求选择合意的服装,穿出自己的风格和魅力。

英国的撒切尔夫人、美国的奥尔布赖特,甚至英国女王的衣着形象可以说是有代表性的。尽管她们有的被称为铁腕女人,但是就衣着形象而言,无疑是非常女性化的。为什么能够既光彩照人,又不失庄重呢?原因在于优雅。她们的胸前或是帽檐上常缀上一束花,也有亮晶晶的首饰,这一点区别于男官员。她们的着装突出一种贵气,不是富贵,而是高贵,同时又有着一种权威性。

案例 英国最权威的男性时尚杂志《GQ》公布了最新的"最佳着装男性"和"最差着装男性"名单。英国保守党领袖戴维·卡梅伦在

"最佳着装男性"排行榜中居第二位。据英国媒体报道，身为保守党领袖的卡梅伦在选择服装时，通常都会考虑到环保主义者的选票。他经常系着自己招牌式的绿色领带，脚穿系着绿色鞋带的环保运动鞋，以处处彰显自己的环保理念。《GQ》杂志在评价这位喜欢穿限量版匡威运动鞋的保守党领袖时称，卡梅伦是"一位深知外表和语言具有同样重要性的政治家"。（资料来源：《为时尚大牌代言的政治家们》，中国网 2008 年 6 月 19 日）

衣着合意还指领导者所选择的服装要符合当时的情境以及活动目的和意义。如果参加晚会或喜庆场合，服饰可以明亮、艳丽些；节假日休闲时间衣着可以随意、轻便些；工作时间衣着则应遵循端庄、整洁、稳重、美观、和谐的原则；正式社交场合，衣着宜庄重大方，不宜过于浮华。

案例 2014 年 8 月 28 日，美国白宫新闻发布会上，平时总穿深色西装的奥巴马在当天的发布会上，意外地身着浅黄色西装出现。尽管新闻发布会的主题是伊拉克局势与乌克兰危机的美方立场，议题严肃，但他身穿的一套浅色西装却迅速成为媒体和观众关注的焦点，甚至有人以"西装门"进行调侃。美国《纽约每日新闻》报称，人们的注意力都集中在总统的浅黄色西装上，而不是他对乌克兰和叙利亚问题的看法。美国《洛杉矶时报》评论说，奥巴马穿着浅黄色西装亮相，网上简直炸开了锅。不少媒体网站用大标题抨击奥巴马的着装品位。Gawker 新闻网指责说，奥巴马身穿浅色西装，令美国蒙羞。"连线"新闻网说，奥巴马的西装如此花哨，以至于没人听他在说什么。社交网络上也掀起对奥巴马着装的议论，一些人把他不穿黑色西装同软弱联系起来。

当然事实很可能并非如此,但是奥巴马的浅色西装的确是一次失败的衣着选择。(资料来源:根据《奥巴马着浅色西装讲话 遭调侃成"西装门"》整理,新华网2014年8月29日)

加拿大第一位形象设计师凯伦女士认为:"穿着成功不一定保证你成功,但不成功的穿着保证帮助你失败!"奥巴马的"西装门"事件再次证明了这一点。因此,不论在任何条件下,领导者都要衣着合体、合适、合意,同时还要考虑服装的基本穿着要求。比如西装的穿着就有许多讲究。

其一,西装扣子的系法。穿双排扣西装一般要把扣子全系好,单排扣则有不同的系法。以两粒扣为例,在西方人看来,只系上面一粒是"正统",只系下面一粒是"流气",全都系上是"土气",全都不系是"潇洒"。穿三粒扣的西装则只系中间一粒或中上两粒。在较正式的场合,坐下时扣子应解开。

其二,西装配饰的选择。领导者参加正规场合最好选择上下同色同质的深色西装,并选择与之相协调的配饰,如衬衫、领带、皮鞋、袜子等。美国前总统克林顿就非常注重着装艺术,当他在纽约联合国总部正式就任联合国印度洋海啸受灾国的救灾特使时,身着深蓝色的西装、系着深蓝色的领带,体现了在正式场合的庄重。当他在给大学生演讲时,却换上了休闲西服,并把里面的衬衣换成了橘红色的T恤,给人一种轻松的感觉,穿橘红色的T恤也表现出了活力,同时也不忘体现出他有一种力量,一种作为领导者的力量。

领导者得体的衣着对其事业的成功和自身的发展起着重要作用。正如郭沫若所说:"衣裳是文化的表征,衣裳是思想的形象。"作为领导者，应该从细微之处入手，按社会规范的要求并结合自身的情况，进行积极的探索，既做到大方优雅、整洁得体，又能让衣着突出领导者气质，塑造自己良好的领导者形象。

新时代领导者要塑造良好的媒体形象

随着社会的发展，媒体的作用越来越突出，现代传媒所具有的广泛、迅速、多元性等特点，使其已然成为领导者形象传播的最主要途径，"媒体形象"也成为领导形象中一个非常重要的方面。领导者通过媒体展现在公众面前的一言一行、一举一动都会牵动着群众，甚至会成为公共问题和公共话题。

有形象设计师曾指出，在政治包装中，"一些不起眼的纰漏"会影响公众对领导者的信任。领导者在公共舆论中的形象一旦为公众所认可，便可以增加领导威信、提高凝聚力、感召力，而一旦在媒体中形象不佳，则会使领导者失去权威，失去公众的支持与拥护。因此，如何应对媒体、如何塑造"媒体形象"，已成为新时代领导者的一堂必修课。

穿着形象

众所周知，"第一印象"是领导者"媒体形象"定位的前提，而着装形象则是决定其"第一印象"的重要因素。

在越来越多的媒体报道中，我们发现，越来越多的领导人都非常重视自身"穿着形象"的策划，甚至有很多国家政要认为"穿着形象"与他们的政治观点同等重要。因此，在不同的场合，其服饰也会根据客观环境的变化而作出相应调整，在外交场合西装革履，在深入民间时一身素朴、轻装简行。

例如，美国前总统布什在伊拉克战争期间，当他会见军方将士的时候，经常身着迷彩服，挽起衣袖，给人以干练坚决的印象，塑造了一个"战时总统""反恐总统"的形象。

而英国前首相布朗，则习惯于将领带作为传达信息的工具，特别是当他出席一些特殊场合时，更是如此。比如，他对英国中部居民说："你们不必担忧，政府不会对你们征过多的税。"为让公众冷静下来，他还特意打上一条蓝色领带。而当他打上红色领带时，很可能意味着他要发布"好消息"。

凡此种种，都给世人留下了深刻的印象。然而，对于我们中国人而言，印象最深刻的恐怕就是我们的"亲民总理"温家宝的"另类""穿着形象"了。

案例 早在2006年初，温家宝一件绿色冬衣穿了十年的报道在网上流传后，便引起了网民们的强烈反响。后来，温家宝的一双旧胶鞋，再次凸显了温家宝的亲民作风。

温家宝的旧衣旧胶鞋和亲民形象触动媒体。据台湾《中国时报》报道说，此前温家宝的"旧衣"报道事出突然，源起于大陆某网络论坛在2006年1月30日贴出的一张帖子。该帖作者细心地发现，在温家宝到地方视察的新华社照片中，前后时间差距虽然长达10年，但温家宝居然穿着同一件绿色冬季棉衣。报道称，该帖得到大陆数十万网民的关注，同年2月开始，中国广播网、《扬子晚报》、新华网相继转载，使温家宝的亲民形象进一步印刻在民众的脑海。

事实上，自2003年担任国务院总理起，温家宝的亲民作风不止一端。2008年5月12日,我国四川汶川发生里氏8.0级大地震,地震造成的伤亡惨重。人们在电视里看到,身在灾区的温家宝主持会议时穿着一件借来的棉警服,神色忧郁。显然,时刻把人民利益放在第一位的这位平民总理,在听到汶川地震消息时,行色匆忙,连棉衣都没带就第一时间奔往都江堰灾难现场,慰问灾民,安抚民心,举全国之力指挥抗震救灾,让人们肃然起敬,感动于心。

当人们听到穿着棉警服的温家宝说"早一秒钟就可能救活一个人""只要有一线希望,我们就尽百倍努力,绝不会放松"时;当人们看到穿着棉警服的温家宝蹲在倒塌瓦砾中,用话筒告诉埋在下边的孩子们一定要挺住、"听爷爷的话,等待救援人员的救援"时,中国的老百姓被震撼了。

在日常生活中,人们往往习惯于从服装、仪容、仪表等来判断分析对方的性格、情趣和思想。而透过温家宝的这些"另类"服装,人们也真切地感受到了其亲民爱民、"以民为本"的思想。也正因为如此,他的"亲民形象"深深扎根于中国老百姓心中。

言语形象

西方有句谚语:"眼睛可以容纳一个美丽的世界,而嘴巴则能描绘一个精彩的世界。"精妙、高超的语言艺术魅力非凡。领导者若能巧妙运用语言,塑造良好的"言语形象",对和谐人际关系、影响公众态度、树立良好媒体形象都将大有裨益。不管是上任伊始充满激情的就职演说,还是在社交场合的幽默机敏、妙语连珠,都会给公众留下深刻和良好的印象。下面就让我们来领略一下我国前外交部长李肇星的风采。

案例 2005年3月6日,在人民大会堂三楼,十届全国人大三次会议开幕后的首场中外记者招待会在此举行。中外记者有备而来,提出的大都是朝核问题、钓鱼岛问题、中美关系问题等地区和国际敏感问题。问题尖锐,但李肇星从容不迫,机智幽默地和几百名中外记者轻松对话,显示了良好的"言语形象"和较高的外交水平。

招待会上,美联社记者在提出关于朝核危机的问题时,使用了"假如"一词,李肇星微笑着说:"你刚才提到了一个假设的问题。你说假如如何如何,我一般不回答假设性的问题。"众人随即便笑声四起,会场的气氛也轻松起来。

日本记者请李肇星评价朝鲜拥有核武器问题时,他很谦虚地回答:"在朝鲜是否拥有核武器上,我想这方面你可能知道得比我更多,换句话说我不比你知道的更多。"一句巧妙的回答,引起了在场记者会意的笑声。

德国记者的提问由中国要制定《反分裂国家法》牵扯到了欧盟是否解除对华军售禁令的问题,"我看你是过虑了,"李肇星"开导"起这位记者来,"中国作为发展中国家,我们不需要,实际上也没有钱买那么多价格很高、对我们也没什么用的武器。"话音未落,招待会现场又是一阵笑声。

2010年3月4日,同一地点,十一届全国人大三次会议大会发言人李肇星介绍会议情况,并回答记者提问。其中,李肇星回答个别国家售台先进武器这一问题时说:"比如说,到现在我们海峡两岸的中国人,他们情同手足、血浓于水,正在进行友好交流、扩大和加强友好交往的时候,个别国家向台湾出口先进武器,这就相当于弟兄两个人正在拥抱的时候,有人给其中一方递上一把匕首,用心何在?"这一精彩比喻,既形象生动、机智幽默,又不失原则性、现实性,进一步彰显出一位老外交部长超强的外交艺术风格和雄才大略。毫无疑问,这样的思维方式和语言效果是值得广大领导者学习和借鉴的。(资料来源:《外交部长李肇星经典语录》,腾讯网2007年3月6日)

相反,作为领导者若是口无遮拦、信口开河,甚至愚蠢无知、蛮横霸道,那么其"言语形象"就让人无法接受了。而事实上,这种"言语形象"不佳的领导者确实不乏其人。

案例 2008年12月17日,中央人民广播电台一名女记者,在采访西安电子科技大学在学生不知情的情况下"擅自"为万余名学生集体办理"中国工商银行牡丹运动圆梦学生卡"的相关事件中,当问到"学校对保护学生个人信息有何规定"时,学校宣传部的部长似乎被激怒了,大发雷霆,扬言"叫保卫处把记者扣起来"。

18日早上,中央人民广播电台"中国之声·新闻纵横"播出了这篇录音报道。节目录音很快被腾讯、网易等网站转载,并迅速在网上传播,西电宣传部的部长被网友称作"最牛的宣传部长",贻笑大方。不仅产生了恶劣的影响,还被传为笑谈。

美国著名社论作家、记者杰克·海敦曾经说过这样一句话:"如果是一个敏感的问题(如果记者找到你的头上那就很可能是这样),那你就不要指望通过不予合作的办法来隐瞒事实。出于自尊心,大多数记者会日夜工作,就是要把新闻挖出来——即使是从你的尸体上爬过去也在所不惜。"因此,面对记者与面对大众一样,领导者要塑造良好的"言语形象"，除了高超的语言艺术外，最好的办法就是坦诚相待，与之真诚沟通。

然而，在新时代的今天，在人人是记者、处处是媒体的新形势下，仍然不乏"口出狂语"，对群众"撂狠话"的领导者。

案例 2021年12月，山东省平度市云山镇党委书记王丽言语粗暴、威胁信访市民的视频在网络流传，引发热议。网传录音中，王丽爆出了惊人言语："你就当面给他谈，不想谈的话，那这一家人都不怕死的话，那你就豁上，他们能豁上我也能豁上，你就转达给他就行了，给脸不要脸的话，那就不需再给脸，该去上访上访，他也没什么大本事，除了进京访还有什么？举全平度市之力，我们无论是从武力物力人力财力精力都耗得起他。我豁上了，我有一百种方法去刑事他儿子，我不过是现在还不愿去用那些方法。"2021年12月26日，山东省平度市通过官方平台通报对平度市云山镇党委书记王丽言语失当情况的处理结果。通报全文如下：近日，网民反映平度市云山镇党委书记王丽在做群众工作时，方法简单、言语失当、作风粗暴，造成不良影响。问题发生后，平度市委高度重视，12月26日，对王丽作出停职调查处理，责令其向当事人赔礼道歉。平度市委已成立调查组，对事件进行调查，依法依规处置。

作为一名基层干部，用威胁的方式去做思想工作，方法简单、作风粗暴，性质极为恶劣。良言一句三冬暖，恶语伤人六月寒。领导者在语言措辞上要更严谨，更好地把握分寸。如王丽这般飞扬跋扈、作威作福的"言语形象"，归根结底是因为她忘了"为人民服务"的宗旨，忘记了自己人民公仆的身份。而此类媒体形象一经传播，不仅对领导者个人杀伤力极强，也必将败坏党和政府的公信力。因此，领导者首先要摒弃"官老爷"的姿态，把人民群众放在心中最高的位置，时刻牵挂人民群众的安危冷暖，用适合群众的方式沟通，用心、用情聆听群众的心声，真正为人民群众所想、替人民群众所为。如此，其"言语形象"才能有一种泥土的芬芳，才能体现出领导者与下属和群众心心相印、同甘共苦、团结奋斗的责任担当和政治品格，进而才能真正打动人、感染人。

职位形象

长期以来，在我国政治生活中，领导者的形象虽然受个性因素影响，但往往更受职业角色所规范，程式化的传统领导形象在无形之中发挥着作用，影响着各级领导者。

然而在当今时代，从各国首脑到政党领袖，尽管其性格、风格迥异，但都在努力塑造充满亲和力的"普通人"形象，"平民化"的人格取向成为其普遍的追寻目标。这种平民化的"普通人"取向，不仅影响着政坛风格和领袖形象，也直接影响着领导力的锻造与提升。

这就要求领导者在"媒体形象"塑造过程中，既要注意求同也要注意求异，在合理的范围内突出自己的个性魅力和政务特色。无论在大会讲话、接待应酬，还是参与谈判、深入基层，言谈举止必须因地制宜、因事制宜、因人制宜，把握分寸。要热情而不轻浮，周到而不琐碎，遇急而不乱方寸，高兴而不张狂。只有根据不同的对象、环境，恰到好处地把握自己的言行举止，才能真正做到持之有度，塑造起稳重端庄、潇洒亲和的"职位形象"。在这方面，我国历任领导人都为我们做出了很好的典范。

案例 2008年7月20日，距北京奥运会开幕只有19天了，胡锦涛莅临青岛帆船赛场视察，他来到正在为帆船赛做准备的外国运动员、教练员中间，与美国帆船队主教练亲切攀谈，谈笑风生，显示了发展中大国领导人庄重谦和的形象。

2008年8月3日上午，温家宝来到北京五棵松篮球馆看望正在训练的运动员、教练员，他兴致勃勃地对大家说，"我也投个篮"，随后他拿起一个篮球，一边拍一边跑步上篮，连投了5个球，当球投进篮球筐时，全场响起热烈的掌声。

2013年12月28日，有网友"四海微传播"发布微博称，习近平总书记在北京一家包子铺排队买包子，成为了各平台、各舆论场的热议话题。国家领导人出现在公共场所，与民同食，并遵守社会秩序，不仅拉近了与网民之间的距离，更使此事高居当月舆情满意度第一名。

无论是胡锦涛的谈笑风生、温家宝的三步投篮，还是习近平总书记的排队买包子……国家领导人带给公众的形象，一扫过去发表重要讲话时的正襟危坐，或面临危机关头的面色凝重，或者是视察工作时的中规中矩，而更多的是每个人所表现出的独特个性，显现的是与普通人的亲近、亲善、亲和、协调与互动。而他们的"职位形象"在国人心中也越来越立体、越来越丰富、越来越平易近人、越来越令国人所尊敬。当然，意义不仅止于此。透过此举，我们看到的不仅仅是国家领导人形象的转变和一个政党一贯的亲民作风，还看到了一个大国日益成熟和开放的政治姿态。这是所有中国人乃至全世界华人所共同期待的。

方法篇

领导方法不同，领导成效则不同

无数实践证实，凡属正确领导，总是运用科学的领导方法。从一定意义上说，能不能实施正确有效的领导，取决于领导者有没有科学的领导方法。

如何打造领导威信的光环

领导威信是指领导者在被领导者心目中的威望和信誉,它是被领导者信任和服从领导者的一种精神感召力,是群众发自内心对领导者的一种真实感情,是领导者一言一行引起群众共鸣的综合反映。

权力是领导威信的前提,领导威信是权力的灵魂。一个领导者,要实施有效的领导,不但需要有权力,更需具有威信。所谓领导者,其实就是把威信发挥到极致,影响他人合作,进而实现目标的一种身份。威信是领导者头上的光环。失去了它,再有能力的领导者在群众眼中也显得一无所有。因此,在领导活动的实践中,领导者要提高自身对群众的影响力,就必须讲究做人、做事、做局,为自己打造威信的光环。

做人有品德

古人说:"凡举大事者,必以人为本;凡择贤良者,必以德为先"。孔子很早就看到了"德"的重要作用,认为"为政以德,譬如北辰居其所而众星共之"。洪应明在《菜根谭》里指出,"德者事业之基,未有基不固而栋宇坚久矣"。历史故事《将相和》中的廉颇与蔺相如就是很好的例子。

案例 战国时期的"战国七雄",分别是齐、楚、燕、韩、赵、魏、秦。这七国当中,秦国最为强大,秦国常常欺侮赵国。有一次,赵王派大臣蔺相如出使秦国。蔺相如凭借智慧和勇敢,为赵国挽回不少面子。秦王见赵国有此等人才,再不敢小看赵国了。赵王很高兴,封蔺相如为"大夫",后封为上卿(相当于后来的宰相)。赵王看重蔺相如,引起赵国大将军廉颇的不悦。他怒气冲冲地说:"我要是碰着蔺相如,要当面给他点儿难堪,看他能把我怎么样!"廉颇的话传到了蔺相如耳朵里。蔺相如立刻吩咐下去,以后碰着廉颇手下的人,要让着对方,不要与其争吵。就连他本人坐车出门,只要听说廉颇从前面来了,就叫马车夫把车子赶到小巷子里,等廉颇过去了再走。廉颇手下的人,见上卿这么让着自己的主人,更得意忘形了,见了蔺相如手下的人,就嘲笑他们。蔺相如手下的人气不过,就对蔺相如说:"您的地位比廉将军高,他骂您,您反而躲着他,让着他,他越发不把您放在眼里了!这样下去,我们可受不了了。"蔺相如心平气和地问他们:"廉将军跟秦王相比,哪一个厉害呢?"大伙儿说:"那当然是秦王厉害。"蔺相如说:"对呀!我见了秦王都不怕,难道还怕廉将军吗?要知道,秦国现在不敢来打赵国,就是因为国内文官武将一条心。我们两人好比是两只老虎,两只老虎要是打起架来,难免有一只要受伤,甚至死掉,这就给秦国造成了攻打赵国的好机会。你们想,国家的事重要,还是个人的面子重要?"此番话让蔺相如手下的人深受感动。再看见廉颇手下的人,都小心谨慎,让着他们。后来,蔺相如的话传到了廉颇的耳朵里。廉颇惭愧至极,负荆请罪。从此,蔺相如和廉颇同心协力,秦国因此更不敢再欺侮赵国了。

俗话说："海宽不如心宽，地厚不如德厚"。领导者的品德对个人影响力具有极其重要的影响。领导者如果具有高尚的品德，就可以扩大个人影响力；反之，不良的品德会减小个人影响力。品德高尚的领导者，即使他失去权力，仍会有众多的追随者；而品德不端的领导者，即使在他大权在握炙手可热之际，正直的人也会嗤之以鼻，敬而远之。

做事有方寸

方寸之间，费思量。做人做事，似乎都有无形的规矩，这种规矩就是做人做事的方寸。领导者"做事有方寸"，就是指领导者在领导活动的实践中要"守规矩"，廉洁从政，不逾越礼法。"廉洁方能聚人，律己方能服人，身正方能带人，无私方能感人。"廉洁自律的领导者，在群众中就会威信高，影响力大，说话就有人听，做事就有人帮。相反，与民争利、以权谋私、贪赃枉法的领导者，只会遭人唾骂、搞散人心，终将断送自己，被人民抛弃。那么，领导者如何做到"做事有方寸"，以树立威信，提高影响力呢？在这方面，老一辈党和国家领导人早已率先垂范，为广大领导者做出了典范。

案例 1933年8月17日，毛泽东同江西省军区参谋长陈奇涵一行4人，来到江西苏区长胜县铲田区进行调查研究。晚上，毛泽东等人住进了区政府一所破旧的祠堂内。晚饭吃的是山芋粥、红薯，外加一盆咸萝卜干。

次日清晨，毛泽东同警卫员要赶回瑞金中央政府。临行前，毛泽东对警卫员小吴说："你按照规定去区政府财政部结清伙食费和住宿费，我们先走一步，你随后赶来。"

在区财政部，长工出身的老部长听说毛泽东也要交食宿费，急得涨红了脸，说什么也不肯收。警卫员推辞不下，只好收回钱，匆匆追赶上毛泽东。毛泽东见到小吴，忙问："食宿账结算了吗？"小吴吞吞吐吐地说明区干部退钱一事。毛泽东听后，大为生气，立即要他再次赶回去重交食宿费。

陈奇涵看离村庄已远，便笑着说："毛主席，还是由我来办这件事吧，你们赶路要紧。"毛泽东想了想，也只好同意这么做。他紧握陈奇涵的手，叮嘱道："老陈，这件事你一定要办妥，我们是领导干部，在执行财政纪律方面，更要严格遵守和作出表率啊。这样，人民才会拥护我们。"

陈奇涵点了点头，向毛泽东握别，赶回铲田区，代表毛泽东向财政部交了食宿费。老部长见这情景，感叹不已，只好拿出用毛边纸制作的财政部账本，郑重地记载了这样一笔："十八日主席毛泽东住，付还大洋一元四角五分，陈奇寒。"

很快，毛泽东两次交食宿费的感人事迹在苏区干部群众中传为美谈。

俗话说，把住自己的嘴，清静如水；拴住自己的腿，足不沾灰；管住自己的手，甘愿吃亏；收住自己的心，无私无畏。明代还初道人洪应明所著的《菜根谭》中有曰："惟公则生明，惟廉则生威"。因此，领导者从上任第一天起，就要将这两条作为做官的箴言，自觉接受组织和群众的监督，绷紧廉洁自律这根弦，要通过学习党的方针政策、有关的法律法规和廉洁自律的各项规定，"稳得住心神，管得住身手，抗得住诱惑，经得起考验"，进一步规范从政行为，带头廉洁从政，"不给别人一点送礼的由头，不给自己半点腐败的念头"，做一名"做事有方寸"的领导者。这正是："为政清廉从古至今人称颂，公仆亮节继往开来胜前贤。"

做局有智谋

如果说，领导者的"德"是决定领导者威信的根本原因，那么领导者的"智谋"则可直接影响其威信的高低。纵观古今中外杰出的领导者，他们的威信都是靠他们的"足智多谋"建立起来的。无数事实证明，尽管不应以成败论英雄，但一个领导者的智谋对下属和群众的影响是不可低估的。

案例 三国时期的政治家、军事家诸葛亮，也是举世公认的谋略家，其治国、治军的谋略不仅在当时起了重要作用，而且是留给后人的一份宝贵遗产。

公元225年，蜀汉丞相诸葛亮为了巩固后方，率领军队南征。正当大功告成之际，南方彝族的首领孟获，纠集了部分散兵来袭击蜀军。诸葛亮知道，孟获不但作战勇敢，而且在彝族人民中极得人心，因此决定把他争取过来。

第一次上阵，孟获见蜀兵败退下去，就以为蜀兵不敌自己，便奋起直追，结果闯进埋伏圈后被擒。孟获以为自己会被处死，不料诸葛亮不但亲自为他松绑，还好言劝其归顺。孟获不服，傲慢地加以拒绝。诸葛亮没勉强他，而是陪他观看已经布置过的军营。孟获看到军营里都是些老弱残兵，便直率地说："以前我不知道你们虚实，给你赢了一次，现在看了你们的军营，如果就是这样子，要赢你并不难!"诸葛亮笑着说:"既如此,您就回去好好准备一下,再打吧。"孟获回到自己部落,重整旗鼓,再次进攻蜀军。结果又被活捉了。诸葛亮仍然好言相劝,孟获依旧不服,诸葛亮又将其放回。就这样,重复了七次。到孟获第七次被捉时,诸葛亮还要再放。孟获却流着泪说:"丞相七擒七纵,待我是仁至义尽了,我打心底里敬服。从今以后,不敢再反了。"从此,桀骜不驯的孟获心悦诚服,从此效忠蜀汉,听命于诸葛亮的调遣。

平定南中后,诸葛亮命令孟获及各部落首领照旧管理原来的地区。有人问诸葛亮:"为什么不派官吏来,反倒仍让这些头领管呢?"诸葛亮说:"我们派官吏来,没有好处,只有不便。因为派官吏,就得留兵。留下兵士,粮食接济不上,叫他们吃什么。再说,刚刚打过仗,难免死伤了一些人,如果我们留下官吏统治,一定会发生祸患。现在我们不派官吏,既不需要留军队,又不需要运军粮。让各部落自己管理,汉人和各部落相安无事,岂不更好?"大家听了诸葛亮这番话,对他更加钦佩了。

现代社会,我们强调以"智谋"增威,不是为"智谋"而"智谋",而是为了增强领导者为人民服务的本领,提高领导者创造一流政绩的能力。因此,新时代领导者的"智谋",是指领导者既要懂自然科学,又要懂社会科学;既要有丰富的实践经验,又要有驾驭市场经济的能力。

领导威信是"无言的号召,无声的命令"。要提高领导威信,无论是做人、做事还是做局,都务必坚持以人为本,切实做到相信群众,求真务实。当然,领导威信不是一成不变的,它随群众对领导者的期望值、领导者的素质、客观环境等因素的变化而变化。已经建立起来的威信可能继续保持、不断发展，也可能逐渐下降，甚至丧失殆尽。因此，领导者只有通过坚持不懈地努力，才能使自己头上领导威信的光环熠熠生辉、永放光芒。

如何与一把手和谐相处

副手和一把手犹如人的左右手,按常规右手为主、左手为辅,左手协助右手去完成组织交办的工作——这是副手的责任所在。作为副手的"左手"如何才能与作为一把手的"右手"动作协调、配合默契,更好更快地实现组织目标呢?这就需要副手在工作实践中,讲究"人和"艺术,与一把手和谐相处。具体而言,应做到以下"四不"。

献策不决策

副手与一把手的权力是有差距的,一把手统揽全局,决定全局,把握大政方针,实行全面领导和管理,而副手仅在自己分管的工作范围内具有一定的权限,对一把手没有授权的,不能轻易越权、说话、表态,应根据自己的职责权限,做好自己分管的工作。然而,一把手也不是"千手观音",难免有顾及不到的地方,副手要积极主动地为一把手当好参谋,积极为一把手建言献策,多谋划一条工作思路,多设想一种管理手段,多考虑一下决策后的效果和不良反应,多提供一些员工的不同心声和建议,供一把手参考和决策,做到"献策不决策"。

案例 萧何紧随刘邦南征北战,立下了盖世的功勋。为此,刘邦特地恩赐他,上朝时可穿鞋带剑,不必遵循常理。萧何知道,皇上可以让你放肆，那是对你的恩赐，你铭记在心就是，你要真的放肆，就是对皇上的大不敬。因此，他处处遵守礼仪，分寸把握得极为得体，从未因细节问题惹是生非。《史记》记载，萧何做事好请示，无论是制定法令制度，还是建宗庙、社稷、宫室、县邑，从不自作主张，总是尽快向刘邦报告，得到允许后，才开始实施。尽管刘邦对治国之道一窍不通，而萧何从来都是只献策而不决策。他的这一做法，使刘邦极为高兴，最后，论功行赏时，把功劳的第一名给萧何。在刘邦看来，这个副手既能干工作，又没有野心，是靠得住的，所以，刘邦破例没有剪除萧何，君臣得以相安无事几十年。（资料来源：《萧何：副手中的高手》，新浪网2008年11月1日）

被称为"汉初三杰"的萧何、张良、韩信，都立下了盖世功勋，但他们三人命运却大不相同。韩信被杀，张良退隐山林，只有萧何做了刘邦的副手，与刘邦和平共处几十年，这在中国封建社会的官场上，是极其少见的，令人感慨不已。萧何能做到这一点，除与他自身的才能、性格等因素有关外，与他深谙"献策不决策"的艺术不无关系。

到位不越位

"在其位，谋其政，行其权，尽其责"，要当好副手，必须明确自己的配角身份，善于站好位置，做到到位而不越位。

"到位"是指充分行使自己的职权，有效发挥自己的作用。即在自己职权范围内，看准拿稳的事情勇于拍板定案，大胆实施；设法调动下属的积极性，形成合力，把一把手的决策意图贯彻落实好；遇到困难和矛盾主动站出来，把事情揽下来，把责任担下来，尽量把矛盾解决在自己分管工作的范围内。"不越位"是指不超越自己的职权行事。既不抢位置突出自己，更不要喧宾夺主。一把手应该讲的话副手不讲，一把手应该表的态副手不表，特别在涉及人、财、物等重大敏感问题时，决不能有越权、"抢镜头"行为的发生。

案例 1979年，乔治·赫伯特·沃克·布什在竞选失败后，出任里根政府的副总统。在里根执政8年期间，布什在内政外交上鼎力相助，受到里根总统的信赖和器重，被称为"最好的副总统"。

布什成功的原因，就是他找准了自己的角色定位。美国副总统有协助总统管理各种国家事务的权力，可以参与国家的各种重大决策，并为其负责。这是副总统的职责权限。布什很清楚，副手就是他的角色，为了演好这个角色，他必须信任、尊重总统，与总统保持步调一致，同时还要甘于寂寞，乐于补台，诚于辅佐，善于尽职，到位不越位，一切以总统的原则为原则。为了得到总统的信任和支持，布什曾为自己制定了五项必须遵循的基本原则。其中的第一项便是作为副总统要准确认识和掌握自己的工作权限，做到揽事而不揽权。

里根就职后不久发生枪击事件，当时布什正在得克萨斯州察访，当听到消息后，他立刻乘直升机赶到华盛顿。一位军官建议他直接在白宫南草坪降落，因为这样就可以赶在电视新闻联播开始之前出现在电视屏幕上，向全国、全世界宣布，副总统正在领导着美国，而飞到附近的停机坪再驾车前往白宫会浪费许多宝贵的时间，但布什并不赞成这样做，他说："只有总统才能在南草坪着陆。"布什知道自己的权限，他认为应当用行动来遵守自己所制定的原则，

决不能超越自己的职权范围。（资料来源：赵文明编著：《尽职不越位：副手成功的八项修炼》，机械工业出版社 2008 年版）

超前不抢前

在班子成员内，各人有各人的职责和位置，副手相比一把手，责任要小一些、心理要从容一些、一些思维和想法可能要更活跃一些更超前一些，但副手要注意站在工作发展的制高点上思考问题，超前调查研究，及早拿出几个预案，及时提供一把手择优决策。同时，还要注意这些思维和想法应该作为班子成员集体智慧的结晶，即使在工作中证明自己是正确的，也不能揽功自傲"抢镜头"，即所谓"超前不抢前"。

案例 艾伦是一家品牌汽车公司地区销售部副经理，在他之上还有一位上司经理叫马歇尔。不过，两人既是拍档也是朋友。艾伦和马歇尔均在同行业界中小有名气，除销售汽车业绩在同行间有口皆碑外，他们还打得一手好高尔夫球。事实上，艾伦上大学时曾入选大学高尔夫球校队，自然球技不俗。

在美国，汽车销售经理会常年与顾客保持联系，负责各种售后服务，有时也会相约一起下场打个 18 洞。艾伦和马歇尔很会打球，自然很受客户喜欢。销售业绩频频上升，自然深得总公司大老板的赏识。

不久，艾伦渐渐发现，马歇尔对自己越来越冷淡了。原来艾伦的球技高超，又常和马歇尔一起报名参加附近一些社区举办的各式业余高尔夫球锦标赛。艾伦常获得比赛总杆冠军，逐渐在地区和总公司创立名声，也帮助他拓展了汽车销售业务。同行业之间盛传，艾伦是这一行业中最厉害的,上司马歇尔听得多了,渐渐产生不悦。对此,艾伦也没有太在意。

一次,在与一家大客户公司老板谈生意时,总公司老板还特意把原本由马歇尔负责的——与重要客户打球公关娱乐应酬交给艾伦安排,而且还当着艾伦的不少公司上层高级管理经理的面夸奖艾伦,这更引起马歇尔和其他上司的妒意。最终功高盖主、善于"抢前"的艾伦被马歇尔穿了"小鞋",只好另谋出路。

出力不出名

所谓"出力不出名",就是要像邓小平讲的那样"胸襟要非常宽阔",要有不争功、不争名、不争利的坦荡胸怀,甘当绿叶和配角的牺牲精神,多建整体功业,不揽个人功名。副手与一把手的关系,好比舞台上的配角与主角,都是剧中不可缺少的角色。配角的作用在于配合和衬托主角,恰似绿叶扶红花,只有和主角相互依赖、相互补充、相互支持,才能共同把一出大戏演好。

因此,作为副手,要摆正角色,以大局为重,积极主动地支持和配合一把手工作,甘心当"绿叶"。一把手决策困难时,要帮助分析利弊得失、减少失误;一把手推行决策困难时,副手要挺身而出,为其排忧解难,起好"保驾护航"的作用。正所谓"尽责任不谋官位、干事业不谋私利、重实绩不图虚名。"

案例 龚遂是汉宣帝时代一名能干的官吏。当时渤海一带灾害连年,百姓不堪忍受饥饿,纷纷聚众造反,当地官员镇压无效,束手无策,宣帝派年已70余岁的龚遂去任渤海太守。

> 龚遂到任后，安抚百姓，与民休息，鼓励农民垦田种桑。经过八年的治理，渤海一带社会稳定，百姓安居乐业，温饱有余，龚遂的名声大振。后来，汉宣帝召他还朝。这时，龚遂的属吏王先生，请求同去长安："我对你会有好处的。"
>
> 到长安后，这位王先生终日沉溺狂欢，也不见龚遂。直到有一天，当他听说皇帝召见龚遂时，便对看门人说："去将我的主人叫到我的住处来，我有话要对他说！"龚遂还真来了。王先生问："天子如果问大人如何治理渤海，大人当如何回答？"龚遂说："我就说任用贤才，使人各尽其能，严格执法，赏罚分明。"王先生连连摇头道："不好！不好！这么说岂不是自夸其功吗？请大人这么回答：'这不是微臣的功劳，而是天子的神灵威武所感化！'"龚遂接受了他的建议，按他的话回答了汉宣帝，宣帝果然十分高兴，便将龚遂留在身边，任以显要而又轻闲的官职。（资料来源：《大智若愚大音希声的龚遂》，中国水泥网 2008 年 11 月 17 日）

老子说："大象无形，大音希声，大智若愚。"这不仅是中华民族的传统美德，更是一个副职领导成熟、睿智的标志。作为副手，最忌讳自表其功、自矜其能，而要懂得"大音希声""无成有终"，即所谓"出力不出名"的道理。

与一把手和谐相处，赢得一把手的信赖，使自己能够游刃有余地展开工作，并在关键时刻脱颖而出，是每一个副手都必须面对的课题。山高不能遮阳，功高不能盖主。如果说作为领导者需要知识、才华、能力，那么当副手更需要的就是"献策不决策""到位不越位""超前不抢前""出力不出名"的胸怀、策略和智慧。

如何构建"和谐型"领导班子

所谓"和谐型"领导班子,是指目标一致、行动一致,各司其职、各负其责,相互协调、密切配合的领导班子,是充满活力、有序运行的领导班子。"办好中国的事情,关键在党"。党的建设关键在党员,尤其是各级党的领导干部,领导班子的和谐不和谐关系到中国特色社会主义建设。因此,把各级班子建设成"和谐型"的领导集体,使班子的整体功能处于最和谐状态,才能发挥其最大作用,以班子和谐带动地区、部门和单位的和谐,从而促进社会和谐。

不可否认,在现实工作中,还不同程度地存在领导班子不和谐现象。比如,班子主要领导缺乏驾驭全局的能力,班子成员之间派系严重,各自为政,整个班子陷入瘫痪或半瘫痪状态,此谓"一盘散沙"型;表面上是一团和气,"你好我好大家都好",暗地里却勾心斗角,心不往一处想,劲不往一处使,严重影响决策的贯彻落实,此谓"面和心不和"型;战斗力不强,不能打开工作局面,分析问题、解决问题的能力较弱,遇事无原则,遇到矛盾绕道走,大事化小、小事化了,此谓"无能软弱"型;班子成员之间不能相互融合,优劣不能互补,形不成整体合力,此谓"优劣不均"型;班子成员之间互不沟通、互不干涉,一项工作多套方案,导致下属无所适从,严重影响工作进展,此谓"互不通气"型;等等。要避免此类现象,建设"和谐型"领导班子,需要班子成员共同努力。具体来讲,应做到以下几点。

理解不误解

案例 一天，美国知名主持人林克莱特问一名小朋友："你长大后想要当什么呀？"小朋友答道："我要当飞机驾驶员！"林克莱特又问："如果有一天，你的飞机飞到太平洋上空所有引擎都熄火了，你会怎么办？"小朋友认真地想了想，说："我会先告诉坐在飞机上的人绑好安全带，然后我挂上我的降落伞跳出去。"

现场的观众哄堂大笑。林克莱特继续注视着他，想看看他是不是一个自作聪明的家伙。没想到，接着孩子的两行热泪夺眶而出，孩子的悲悯之情使得林克莱特觉得他还有更深层的意思没有表达，于是林克莱特问他说："为什么要这么做？"小孩的答案透露出一个孩子真挚的想法："我要去拿燃料，我还要回来！"

林克莱特如果在没有问完之前就下判断，那么，他可能就认为这个孩子是个自以为是、没有责任感的家伙。但孩子的眼泪使他继续问了下去，也才使人们看到这是一个勇敢的、有责任心的、有悲悯之情的小男孩。

在一档简单的电视节目中就这么容易发生误解，可见在一个复杂的组织体系中，要避免误解的发生是一件多么不容易的事情。

（资料来源：《沟通从了解开始》，中国人力资源网 2006 年 7 月 4 日）

俗话说："尺有所短，寸有所长"。世界上的事物总是千差万别的，一个领导班子也是如此。由于领导班子成员各自担负的职务和责任不同，认识事物和处理问题的理念方法也不尽相同，因而，各自的主张和想法就可能有差异。孔子曰："君子和而不同。"《晏子春秋》中在提到处理上下级关系时说:"如同调和五味,贵和不贵同"。"和谐型"领导班子应该是在坚持同一奋斗目标、不违背原则的前提下,允许大家在具体工作上、在对某些具体工作的思考和处理上有不同思路和方法,而决不是排斥不同声音,脱离民主集中制的原则,搞个人专断,把班子搞得鸦雀无声。

班子内部有了不同的意见、办法,才能真正集思广益,择优而从,把工作做得更扎实,真正让同事满意、上级满意、人民群众满意。这就需要班子成员相互之间"理解不误解",以海纳百川的胸怀,彼此互相谦容,彼此信任沟通;以大局为重,讲友谊、讲风格、讲政治、讲团结、消除隔阂、主动配合。只有这样才能形成共识与合力,从而提高效能,出现"整体功能大于各要素功能之和"的最佳效应。

补台不拆台

案例 古时候,在一个寒冷的冬天,一个卖烧饼的和一个卖被子的都行走在回家的路上。可是天寒地冻、冰天雪地,加上天黑路滑,实在无法继续赶路。为躲避凛冽刺骨的寒风,卖烧饼的和卖被子的同时躲到了一个破旧的庙里。夜里,卖烧饼的越来越冷,卖被子的越来越饿,但他们谁也不说话,都想看对方的笑话。就这样,卖烧饼的只能一个一个的吃着自己的烧饼,卖被子的也只能一条一条的盖着自己的被子,谁也不愿意主动为对方"补台"。结果可想而知,卖烧饼的最终被冻死了,卖被子的最终被饿死了。

这是一个非常简单的故事,但仔细品味,却蕴含着道理。如果卖烧饼和卖被子的人都不想看别人的笑话,懂得相互"补台"的道理,他们都会活得好好的,不至于落到"一个冻死,一个饿死"的可悲下场。

现实生活中,这样的例子也不在少数。小刘和小孔在同一个乡镇工作,都是站长,在所处乡镇,也算是人中翘楚、出类拔萃了,业务好,工作能力强,所管理的站内工作有声有色,不过就是谁都不服谁,经常互相计较,对彼此的业务指手画脚。按照惯例,乡镇党委年终要选后备副科级干部,大家都认为,会从他们两个里边选一个,结果,出乎人们的意料,他们两个都落选了,从外乡镇来了副镇长。小刘和小孔问党委书记何故,书记说了一句话:"相互补台,好戏连台;相互拆台,共同垮台。"听后,两人后背直冒冷汗。

行源于心,力源于志,志源于和。一个团结和谐的领导班子,一个"互相补台不拆台,你落下的我主动捡起来"的领导班子,什么样的问题都可以解决,什么样的压力都可以化解。

反之,如果领导班子不团结、不和谐,互相猜疑,内耗不断,谋人不谋事,就不可能聚精会神抓改革、一心一意谋发展,事业无成,人心涣散,和谐又从何说起?领导班子不团结、不和谐、矛盾重重、彼此拆台,在群众中就很容易出现团团伙伙、帮帮派派,加上别有用心的人挑拨离间,利用领导之间的矛盾,满足个人私欲,投机取巧,那么不要说改革创新难以进行,事业发展也无从谈起,就连维持起码的稳定也是难乎其难了,何谈和谐?领导班子不团结、不和谐,精力和时间耗在打内战、闹矛盾、泄私愤,就不可能关心群众生活、解决群众疾苦,群众怨声载道、人心向背,这又怎么可能有和谐?此所谓"相互补台,好戏连台;相互拆台,共同垮台"的道理。

分工不分家

著名指挥家邵恩说:"有一种观念,好像只要招到优秀的乐手,就有了好的乐团,但却不知乐团更需要的是集体配合。"领导班子也是如此。一个成熟的领导班子,并不是单靠"一把手"包打天下,而应该是集体的力量、集体的智慧。

> **案例** 每年秋天,人们在天空中总是能看到成群结队的大雁迁徙南飞。其实,这些南飞的大雁,就是"分工不分家"的楷模、完美的团队,值得我们借鉴。
>
> 雁群是由许多有着共同目标的大雁组成,南飞时排成人字形或者排成一字形,浩浩荡荡成群结队地飞行几千公里。它们的组织非常严密,有明确而细致的分工合作。一般情况下,头雁排在最前面,雁群跟在后面排成人字形或者一字形。当队伍中途飞累了停下休息时,它们分工明确、各负其责。有负责觅食、照顾老幼的,有负责雁群安全放哨的,有负责安静休息、调整体力的。在雁群进食的时候,巡视放哨的大雁一旦发现有敌人靠近,便会长鸣一声给出警示信号,群雁便整齐地冲向蓝天、列队远去。而那只放哨的大雁,在别人都进食的时候自己不吃不喝,这是一种为团队牺牲的精神。
>
> 据科学研究表明,大雁成群结队要比孤雁单飞提升71%的飞行能量。飞行中的雁两翼扇动的气流,为后面的队友提供了"向上之风",这种省力的飞行模式,让每只大雁最大地节省能量。而飞翔的头雁是没有"借力"的,只能带头搏击,这也是一种牺牲奉献精神。飞行过程中,大雁的叫声可以相互激励,如果有任何一只大雁受伤或生病而不能继续飞行,雁群中会自发地有两只大雁留下来守护照看受伤或生病的大雁,直至其恢复或死亡,然后它们再加入到新的雁阵,继续南飞直至目的地。

荀子说："和则一，一则多力，多力则强，强则胜物。"因此，领导者理应学习借鉴大雁这种"分工不分家"的精神，把团结作为一项重要工作来抓，常思团结之益，常讲团结之言，常行团结之事，在合理细致的分工合作中加强班子的凝聚力。

首先，在安排工作时要层层落实，责任到人。该谁分管的工作就由谁解决，不当"二传手"，不"踢皮球"，不推诿扯皮，增强责任感和主人翁意识。其次，领导对于各自分管的工作，除了种好"自留地"，还要积极创新，并有"一盘棋"的观念，顾全大局，乐做"分外事"，不以分工为借口"各人自扫门前雪"，要致力于集体，相互协作、相互沟通、求同存异，做到"分工而不分家"。只有如此，才能使全局与局部统一协调，真正建设成为"和谐型"领导班子，从而更好地发挥其在构建和谐社会中的作用。

交心不存心

领导班子成员因为分工不同，相互之间缺乏足够的了解，而通过谈心交心，就可以了解对方的工作和思想情况，学习对方的长处，弥补自己的短处，提醒和帮助对方改进不足，从而做到相互理解、相互支持、增强团结、共同进步。

案例 有一位著名的教授，准备应邀参加一个重要会议，并发表演讲。由于本次会议的规格高、规模大，教授本人非常重视。教授的家人也为其有这次难得的机会而高兴，为此，教授夫人特意为他选购了一套西装。晚饭时，夫人问教授："西装合不合身？"教授说：

"上衣很好,裤腿长了那么两厘米,不过影响不大。"

晚上,教授早早地休息了。教授母亲却睡不着,考虑到儿子参加这么隆重的会议,发表这么重要的演讲,西裤长了两厘米怎么可以。于是,老人翻身下床,把西装的裤腿剪掉两厘米,又缝好烫平,才安心地入睡。凌晨五点半左右,教授夫人想起家有大事,连忙起床了。想到老公西裤的事,便急忙将西裤又剪掉两厘米,缝好烫平,然后才去做早餐。过了一会儿,女儿也早早起床了,看到妈妈早餐没做好,又想起爸爸西裤的事情,心想为爸爸做点事情,也拿来西裤,剪短两厘米,缝好烫平。最后的结果不言而喻。

这个故事中,教授及其家人因为沟通不到位,付出了三倍的劳动,得到的结果却是废了一条裤子。这种情况在我们的现实生活中非常多见,由于缺乏沟通,班子里两个成员同时对某一件事情进行处理,结果两个处理版本完全不同;由于缺乏沟通,班子成员之间不断出现冲突,矛盾重重,班子内部凝聚力下降,甚至关键人物拂袖而去,等等。因而,领导班子成员之间要积极主动地"交心而不存心",对存在的问题谈深谈透,认真分析产生问题的原因,深刻剖析思想根源。切忌搞形式、走过场,只评功摆好,不触及矛盾,搞"你好我好大家好",更不能丧失党性立场,闹无原则的纠纷。

说到底,"交心不存心",就是要通过谈心交心,认真查找问题、切实沟通思想。只有认真查找问题,才能有效地解决问题,并促进各项工作顺利开展;只有切实沟通思想,才能有效地消除误会和隔阂,并增强领导班子的和谐。

我国第二个百年奋斗目标是建成富强民主文明和谐美丽的社会主义现代化强国,实现中华民族伟大复兴的中国梦。这一目标的实现,离不开和谐的各级组织。而各级领导班子是各级组织的领导者和指挥者，所以，领导班子和谐与否，显得尤为重要。只有团结和谐的领导班子，才能威信高、形象好、有号召力，才能团结带领下属或群众实现组织的奋斗目标。

如何做"用心用情用功"的领导者

领导者肩负着带领、引导下属或群众为实现一定目标而奋斗的使命，而领导者要想有效地行使领导职能，仅靠制度化的、法定的权力是远远不够的，必须拥有令人信服和遵从的高度权威，才能对下属或群众产生巨大的感召力和影响力，进而实现共同的奋斗目标。习近平总书记曾在全国宣传思想工作会议上强调，用心用情用功抒写伟大时代。之后，习近平总书记又多次在不同场合强调"用心用情用功"。现代领导活动是一个互享、互动的过程，在领导活动中，领导者要提高自身对下属或群众的感召力和影响力，同样需要"用心用情用功"，以实际行动赢得民心民意。

用心：用"真心"换人心

古人云"为将之道，当先治心"。人都是感性的，当领导者用"真心"去为下属或群众服务，解决其实际困难，下属或群众自然也会回馈"真心"；反之，领导者若对下属或群众的困难置若罔闻、拖拖拉拉，不仅解决不了实际问题，还可能激发矛盾。美国著名的管理学大师托马斯·彼得斯曾疾呼：你怎么能一边歧视和贬低员工，一边又期待他们去关心质量和不断提高产品品质。无论是主政一方的党政领导者，还是负责一个组织或企业的领导者，在领导活动中用上"真心",才能最终换得人心。

案例 周恩来对广大知识分子关怀备至,体贴入微,这是党内外一致公认的。

新中国成立初期,中央有关部门准备将著名的历史学家顾颉刚调到北京中科院历史研究所工作。当时出于误传,说顾颉刚先生要求每月薪金500万元(指旧币),否则就不去。周恩来知道了此事,他不但不生气,反而说:中国有几个顾颉刚?他要500万就给500万嘛,但一定要请他到北京来。顾颉刚听说这个情况后深为感动,再三向有关领导解释,自己并无要高薪的意思,表示马上进京。顾颉刚先生事后感慨地说:"我从周恩来的身上,看到了团结大多数人一道工作的真正共产党人的光辉形象。"1962年3月,周恩来先后几次谈到知识分子问题,明确肯定了我国知识分子的绝大多数是"属于劳动人民的知识分子"。还指出要正确对待知识分子,信任他们,帮助他们,改善关系,要解决问题,要承认过去有错误,承认了错误还要改。他在上海的知识分子中有许多熟悉的朋友,每一次来到上海,他总要在百忙中抽出时间,找他们坦诚交谈,了解情况,倾听意见,还常常即席发表自己对有关问题的见解,同大家商讨。上海的文艺界,无论是文学、戏曲、音乐、舞蹈、美术、电影等,新中国成立以来创作的许多优秀作品和演出的许多优秀节目,几乎都得到过周恩来的关心和指导。许多著名的文艺工作者,都把周恩来作为自己的知心朋友,把自己的喜悦和苦闷毫无顾忌地向他诉说。周恩来也总是利用各种场合同他们接触,还到他们家里做客,勉励他们更好地为社会主义事业服务。周恩来对新闻界同样是十分关心体贴的。他每次在上海机场迎送外宾,总是为在场的记者提供方便的条件；一些记者在采访重要会议时，周恩来经常叫他们坐到靠近的地方，以便详细记录。上海不少记者撰写的重要稿件，只要是请周恩来审阅，他都要亲自拿起毛笔细心修改，连记者在匆忙中写下的潦草字迹也不放过。上海新闻界一些同志的书橱里或影集中，至今还保存着周恩来修改他们稿件的手迹，保存着周恩来同他们的合影，成为他们努力做好新闻报道的力量源泉。（资料来源：根据《周总理热爱人民的几个故事》整理，人民网2019年2月27日）

毫无疑问，周恩来无论对基层干部、人民群众，还是知识分子等，都是"真心"对待，既秉持"公心"，怀有"诚心"，又处处"细心"，可谓泽被天下，感人肺腑。所谓用"真心"换人心，对领导者而言，其实就体现于"公心""诚心"和"细心"上。

所谓"公心"，是指领导者要办事公道，为人正派，不优亲厚友。"以公天下无难事。"领导者是否用"公心"办事，是下属或群众评价衡量领导者的重要依据和准绳，也是领导者把实事办实、好事办好，让下属或群众满意的制胜法宝。特别是在落实各类惠民政策、处理矛盾纠纷等问题上，领导者必须坚持公开、公正、公平原则，做到清正廉洁、一身正气、光明磊落。唯有如此，才能获得下属或群众的信任。

所谓"诚心"，是指领导者无论对上级还是对下属或群众都要真诚、坦荡，实实在在、表里如一，不做夸夸其谈、哗众取宠的形式主义和表面文章，不存愚人欺人害人之心。古人云，"诚者，天之道也；畏诚者，人之道也"。领导者作好表率，只有诚心诚意为下属或群众着想，真心实意为其办事，问需于民、问计于民、问效于民，才能获得下属或群众的支持和拥护，才能具有公信力、感召力，各项决策措施才能得以全面落实。

所谓"细心",就是领导者要以下属或群众"心"为"心",与下属或群众换位思考,耐心倾听其意见和心声,善于发现最直接、最关心、最期待的问题,准确把握其"痛点""难点"和"堵点",精准分析问题并解决问题,让群众拥有实实在在的获得感。要做到这一点,就需要领导者将自己融入广大的下属或群众之中,"从群众中来,到群众中去",才能学会站在下属或群众的立场看问题,急其所急,想其所想,真正为群众干实事、谋利益。

总之,领导者在"用心"上,必须抓住一个"心"字,与下属或群众互相交心、互相关心、以心换心,才能更好地达成"共识"、激发"共鸣",从而心心相印、同心同德,形成破解发展改革难题的合力。

用情:用"真情"暖人心

古今中外,凡是卓越的领导者,都是善于"用情"的,因为只有通过以"真情"暖人心,才能使下属或群众感到自己受到了重视,因而愿意尽其所能,充分发挥自己的潜在力量。随着改革开放的不断深入,利益关系的调整,下属或群众的各种矛盾诉求不断增多,面对这一新的形势,更需要领导者带着"真情"为下属或群众排忧解难,于"一枝一叶总关情"中增进下属或群众获得感、幸福感。

领导者的"真情"主要体现在心系下属或群众、尊重下属或群众两个方面。心系下属或群众,就是领导者时刻想着下属或群众,切实把下属或群众的呼声当作第一信号,始终把下属或群众的安危冷暖挂在心上,带着深厚感情深入基层、深入下属或群众,从小事做起,从点滴做起,做下属或群众生活的"药瓶子",为下属或群众的困难"开方子",用自己的"辛苦指数"换取下属或群众的"幸福指数"。

> **案例** 从前，有个知县要去庙里游览参观，就提前通知了庙里主持和尚。和尚忙了几天，张罗了一桌酒席招待。知县觉得很惬意，便吟诵了两句古诗：因过竹院逢僧话，又得浮生半日闲。和尚听了，只是苦笑。知县问："你为啥发笑，难道下官念错了吗？"和尚说："错是未错。我笑的是老爷你庆幸自己闲了半日，老僧却因此忙了三天呐！"

"乐民之乐者，民亦乐其乐；忧民之忧者，民亦忧其忧。"试想，作为领导者，如果不关心爱护下属或群众，不为下属或群众解忧，而是像这位知县一样，用扰民、添乱为自己换得"半日闲"，会得到下属或群众的拥护和爱戴吗？"心系群众鱼得水，背离群众树断根。"只有心系下属或群众，坚持与下属或群众心连心、情融情，才能赢得下属或群众的信任和服从。

尊重下属或群众，就是领导者要善于倾听民声、掌握民情、了解民心，当好下属或群众的"知心人"和"自己人"。习近平总书记深刻指出："要拜人民为师、向人民学习，放下架子、扑下身子，接地气、通下情，深入开展调查研究，解剖麻雀，发现典型，真正把下属或群众面临的问题发现出来，把下属或群众的意见反映上来，把下属或群众创造的经验总结出来。"尊重下属或群众，就要重视发挥下属或群众的主观能动性、积极性和创造性，把潜伏于下属或群众身上的能力与智慧最大限度地发挥出来，这是古今中外一切成功者的共识。那种在下属或群众面前自以为是、盛气凌人，漠视下属或群众疾苦，"高高在上"的"官老爷"，甚至欺压下属或群众、损害和侵占下属或群众利益的官僚主义作风，必然会被下属或群众所唾弃。

用功：用"真功"赢人心

"纸上谈兵，不如下马服务"，身体力行永远胜过千言万语。习近平总书记对广大党员干部做好统筹疫情防控和经济社会发展工作提出了明确要求："各级领导干部要树立正确的权力观、政绩观、事业观，不慕虚荣，不务虚功，不图虚名，切实做到为官一任、造福一方。""为官一任、造福一方"，是各级各类领导者的应有追求，也是其应当恪守的政德。领导者肩上有沉甸甸的担子，身后有下属或群众眼巴巴的目光。职责所系、下属或群众所盼，不能有丝毫懈怠，必须用"真功"、使"真劲"，既要有干事创业的激情，又要有真抓实干的作风和敢于担当的勇气。

> **案例** 一次，拿破仑带领军队与敌军作战时，遭遇到敌军顽强的抵抗，队伍损失惨重，形势极其危险。危急时刻，拿破仑一不小心，突然掉入了泥潭中。他满身泥巴，狼狈不堪。谁也没想到，此时的拿破仑对此全然不顾，仍旧奋不顾身、勇往无前，坚决要打赢这场战斗。只听他大吼一声，"冲啊！"士兵们刚开始见到拿破仑那副滑稽模样，都忍不住哈哈大笑起来。但很快，被拿破仑的乐观、积极、自信所鼓舞。一时间，战士们群情激昂、奋勇当先、士气高涨，最终取得了战斗的最后胜利。

此案例说明，无论在任何危急的困境中，领导者都要保持乐观积极的心态和干事创业的激情。因为领导者的状态，不仅可以感染群众和下属，也直接影响事业的成功与否。带领下属或群众"干事创业"是领导者的天职，领导者既要想干愿干积极干，又要能干会干善于干，而干的积极性又是首要的。现在我们已踏上全面建设社会主义现代化国家的新征程，面对中华民族伟大复兴的战略全局和世界百年未有之大变局，更需要领导者有"等不起"的紧迫感、"慢不得"的危机感和"坐不住"的责任感，始终保持奋发有为的精神状态，意气风发地带领下属或群众开创发展新局面。那些在岗不在状态，不察实情、不解难题，心中无数、脑中无事、眼里无活、手里无牌、落实无果，面对风险不想预案，面对挑战不想对策，面对难题不想办法，碌碌无为的领导者，自然得不到下属或群众的认可和支持。

【案例】 史书记载：汉武帝雄才大略，传承了文景之治的有效做法并加以发挥，振兴了西汉的江山，巩固了统一的国家。在其晚年，由于连年征战，徭役加重，大兴土木，耗费巨大，迷信奢侈，劳民伤财，使大批农民破产流亡，人民境况越来越差。天汉二年（公元前99年），齐、楚、燕、赵等地都有农民起义爆发，遍及大江南北、黄河上下，虽然经过镇压，遏制住了动荡浪潮，但农民起义、太子被杀、出兵匈奴又几乎全军覆没等挫折，使其不得不冷静地思考自己的所作所为，也使他常处于忏悔状态。

公元前89年，他再一次封禅泰山之后，对随行的官员说："朕自即位以来，所作所为狂悖，使天下愁苦，追悔莫及。从现在开始，凡是伤害百姓、浪费天下财物的事情，一律停止。"大臣田千秋趁机进言说："方士们论神仙之事很多，但都无法验证，请陛下停止求仙一类的事情。"汉武帝同意了。任命田千秋为丞相，并封为"富民侯"，以表"思富养民"之意。当桑弘羊提出募民轮台（今新疆轮台）屯田时，汉武帝下诏拒绝，并表达了以前频繁征伐的悔过之情，表示从今以后"务在禁苛暴，止擅赋，力本农"。这就是历史上有名的"轮台罪己诏"。

空谈误国，实干兴邦。汉武帝能在社会矛盾尖锐的情况下，使得本来"如鼎如沸"的各地民变逐渐平息下来，缓和了政府和民众之间尖锐对立的社会矛盾，安然渡过一场严重的社会危机，有效地稳定了政权，最终如北宋史学家司马光所评价的："有亡秦之失而免亡秦之祸"，原因就在于汉武帝及时重新审视自我，敢于大胆进行自我否定，改弦易辙，调整政策，真抓实干，并把注意力集中到恢复民力、发展农耕上。历史和实践反复证明，勤勉务实、真抓实干，是推动一切工作落到实处的关键。领导者只有坚持多谋民生之利，多解民生之忧，多做利民之事，下真功夫、苦功夫、实功夫，用持之以恒、不达目标不罢休的耐心和毅力，跨越每一道难关，以抓铁有痕、踏石留印的精神持续用力，最终才能为下属或群众交上一份满意的答卷。反之，领导者如果尸位素餐、怠惰无为，"庸庸碌碌守摊子，平平安安占位子，浑浑噩噩混日子"，只想享受当官的"好处"，不想承担做官的责任，讲求工作"清闲"，追求个人安逸，一心只做"太平官"，职位待遇面前伸手要、私下"跑"、拉下脸争，困难矛盾面前能躲就躲、能推就推，争功诿过、绕险避难，终将会脱离群众，失去民心。

案例 南宋绍兴三十一年（1161年），有一个叫虞允文的从七品文官被派往采石（今属安徽马鞍山）犒师。虞允文到采石后，正值金军统帅完颜亮统领十五万金军主力打算从采石渡江。当时两淮前线宋军溃败，金军如入无人之境。而采石防线的宋军主帅已经逃跑，留守的一万多宋军士兵萎靡不振，人心涣散。南宋政权覆灭在即。虞允文有两种选择，一种是忙完公务以后像采石防线的宋军主帅一样赶紧逃跑，另一种是在危急形势下做些什么。虞允文选择了第二种。虞允文见宋军萎靡不振，形势危急，于是亲自督师，并向军心散漫的士兵演说："若金军成功渡江，你们又能逃往哪里？我军控制着大江，若凭藉长江天险，为何不能于死里求生？何况朝廷养兵三十年，为什么诸位不能与敌血战以报效国家？"就这样，虞允文成功把士兵团结起来，并振奋了军心。随即，他又迅速把散于沿江各处无所统辖的军队统合起来，以一万八千人的兵力与十五万金军决战于采石矶，结果大败金军，赢得了著名的"采石大捷"，以一介书生，保了南宋100年。

众多史学家赋予虞允文很高的评价："慷慨任重""忠肝义烈""不避艰危，毅然负责"。毛泽东也评价虞允文为"伟哉虞公，千古一人"。毫无疑问，正因为虞允文具有"铁肩负山岳，慷慨承大任"的担当勇气，才获得士兵们的认可和追随，并且上行下效、英勇奋战，从而取得"采石大捷"。在现代社会，对于领导者而言，要想获得下属、群众的支持和拥护，这种敢于担当的勇气同样是不可或缺的。古人云：大事难事看担当，顺境逆境看襟怀。领导者只有面对任务勇挑大梁，面对矛盾迎难而上，面对危机挺身而出，咬定目标、直面难题、迎难而上、勇于斗争、持之以恒、久久为功，才能赢得下属或群众的尊敬与爱戴、信赖与信服。

如何从奥运经济史中学创新智慧

恩格斯说，人类思维是"地球上最美丽的花朵"，而创新智慧是其中最璀璨的一枝。何谓创新智慧？创新智慧，就是指冲破各种思想障碍和旧框框的束缚与禁锢，在前人、常人的基础上有新的创见、新的发展、新的突破，力求独到与最佳。领导者担负着领头和导向的重要职责，其是否具有创新智慧，已成为衡量领导工作成败优劣的主要标准之一。在此，我们不妨透过奥运经济史，对其中的领导者创新智慧进行深入了解和思考，必定会对自身领导活动的创新实践提供指导和借鉴。

提起奥运会，最兴奋的当数主办国，因为不但可以提升国家形象，还有可观的经济收益。而在20世纪80年代之前，主办奥运会却只是一个赔钱的"形象工程"。例如，1972年德国慕尼黑的第20届奥运会，清场之后算账，收支两抵，欠了36亿美元；1976年加拿大蒙特利尔的第21届奥运会，最初的预算是3.1亿美元，最终却留给这个城市10亿美元的巨额债务，直到2003年才把所有债务清偿。1980年，苏联主办第22届莫斯科奥运会，耗资90多亿美元，亏损更是空前。

或许是以前奥运会造成的巨大财政亏空与经济负担成了各城市不敢轻易尝试申奥的顾虑。1978年，洛杉矶在没有任何竞争对手的情况下，顺利取得第23届夏季奥运会举办权。这与前几届申办奥运会时的激烈竞争形成鲜明对比。

1984年，第23届奥运会在美国洛杉矶如期举行。正是在这一届奥运会，洛杉矶奥组委主席彼得·尤伯罗斯凭其令世人震撼的创新智慧对奥运会进行了"商业革命"，取得了历史性突破，实现了2.25亿美元的赢利，改变了奥运会赔钱的历史，因此他被誉为奥运会"商业之父"。从此，奥运会从赔钱赚吆喝的"形象工程"，变成人见人爱的"摇钱树"，开创了奥运历史的新纪元，尤伯罗斯因此获得了国际奥委会颁发的"杰出奥运组织奖"。

那么，尤伯罗斯智慧的创新性表现在哪里呢？

案例 尤伯罗斯上任之初，没有人愿意租办公室给奥组委，因为担心他们付不起房租。他不得不自掏腰包100美元为奥组委开了个账户。当时奥组委可谓困难重重，因为洛杉矶市政府禁止动用公共基金，加利福尼亚州又不准发行彩票，而两者都是奥运会筹款的传统模式。在这种状况之下，尤伯罗斯提出了"以奥运养奥运"的新创意。同时，商业奇才尤伯罗斯用上了他所熟悉的种种商业手段。

第一步棋，通过招标出售奥运会独家电视转播权。奥运会是全球人民的大盛会，几乎每一场比赛，都会有上亿名观众的眼睛随着转，在这以前，谁也没想到这眼球里蕴含着巨大的商机。以前电视台播放比赛盛况是不收费的，但尤伯罗斯一举改变了这种状况。洛杉矶奥组委规定，每个有意向转播奥运会的电视公司，都必须支付75万美元的招标订金。美国三大电视网的5家电视机构很快都交了订金。组委会将这些订金存进银行，每天获得1000美元的利息收入。最终，美国广播公司以2.25亿美元获胜。尤伯罗斯将转播权出售到欧洲和澳洲，又获得2.87亿美元的收入，这些收入是过去出售转播权收入的3倍。尽管组委会把本金返还给其他4家公司，但此时这些本金产生的利息已经相当可观。

如果说把"眼球"变成"经济",是尤伯罗斯旗开得胜的第一步,那么他的第二步是转变过去捡到篮子里就是菜的做法,提高进入奥运会场馆的门槛。他总结了前几届奥运会的教训,发现过去并没有规定赞助资金的最低限额,所以尽管赞助企业很多,但总金额并不高。于是,尤伯罗斯别出心裁地规定,洛杉矶奥运会只接受30家赞助商,每一个行业只接受一个公司的独家赞助,赞助金额最少400万美元,赞助者可以取得奥运商品的专卖权。对可口可乐和百事可乐这两家生产运动型饮料而闻名的公司来说,尤伯罗斯的新规矩不免有些残酷,因为没有获得独家赞助权的一家,就不能在这届奥运会上推广自己的产品了。所以,两家可乐公司之间的竞争异常激烈。结果,志在必得的可口可乐以1300万美元的竞价击败了百事可乐,同时也成为这届奥运会最大的赞助商。同样的激烈竞争还出现在柯达与富士、美国商用机器公司和日本电器公司之间。到奥运会开幕前,奥组委一共筹集到总计8亿美元的资金,负担各项赛事和活动已绰绰有余。美国《时代》周刊评论说:"比赛还没有开始,第一枚金牌就已经诞生,尤伯罗斯当之无愧。"

在门票销售方面,尤伯罗斯严格控制赠票,甚至放出话:即使总统来也得自掏腰包买门票。结果,洛杉矶奥运会的门票收入创造了有史以来的纪录,大约为1.4亿美元。尤伯罗斯又通过发行25种纪念币和2000张赞助券,集资近1亿美元。

中国奥运经济研究会秘书长、专家委员会主任、北京大学客座教授、北京体育大学MBA专业导师纪宁先生这样评价道:"1984年洛杉矶奥运会创立了尤伯罗斯模式,尤伯罗斯模式不仅仅提出了奥运经济这一个概念,还提出了三个最鲜明的具体指向:开源、节流、选优,所谓的开源是他发明了整个奥林匹克转播权，从苏联莫斯科奥运会的8700多万美元一下子就卖到了2.87亿美金，使得整个奥运会的赞助盘活了。节流就是他倡导了节俭办奥运，90%以上的工作人员都要运用志愿者，省了大笔的钱。尤伯罗斯那届奥运会最大的核心贡献是选优，他倡导在一个行业中只选择最优秀的合作伙伴，选择一家进行奥运赞助的合作，结果他那届奥运赞助商数量减少了2/3，但是整个奥运赞助的额度却增加了几倍。"

创新智慧就是生产力。尤伯罗斯"唯利是图"将体育盛会运用商业的方式来操作，这就是其创新智慧的最好体现。所以，在1984年第23届洛杉矶奥运会的闭幕典礼上，当时的国际奥委会主席萨马兰奇亲自给尤伯罗斯佩戴了最高荣誉的金质徽章，奖励他开创了体育拉动经济的新时代。

毛泽东曾经说过，领导工作概括起来有两件大事：一是出主意，二是用干部。其中的"出主意"，就是现在所强调的领导决策。决策与创新智慧是紧密联系在一起的。可以这样说，领导工作的重点是作决策，决策的重点是作选择，选择的重点是创新智慧。因此，作为领导者要想如尤伯罗斯一样取得领导活动的巨大成功，就必须通过打破思维定式、拓展思维空间、加强学习丰富知识并紧密联系社会实践等多种途径，培养和提高自己的创新智慧。

和谐化解争端的艺术

所谓争端,是由多人引起的争论,具体指对某件事或物有着不同的见解,意见不一致导致的。毛泽东说:有人群的地方,就有左中右。争端是一种常见现象,广泛存在于社会各领域、各层面。一个单位或部门,往往由于环境条件、工作性质、观念立场、利益需求等不同的因素,会使人们产生认识上的不同,进而导致单位或部门领导班子成员之间、领导者与下属之间、同事之间甚至单位内设部门之间,出现各种各样的争端。领导者如不能很好地化解争端,势必会把关系搞僵,甚至会出现四面受阻、互相掣肘、矛盾重重的难堪局面。

毋庸置疑,保持社会和谐稳定,仍然是当前和今后中国改革开放和社会主义现代化建设的主旋律。社会和谐稳定需要社会治理,单位和谐稳定同样需要单位治理。领导者的单位治理效率如何,一定程度上取决于其是否掌握争端化解的科学方法和艺术。在当前加强和创新社会治理进程中,现代领导者要善于运用创新思维来化解单位中的争端,使其所领导的单位同外部环境,以及单位内部的各部门和成员协同一致、互相配合,以获得整体最佳效益。古代有个博学经典:难能之理宜停,难处之人宜厚,难处之事宜缓,难成之功宜智。这一博学经典,对领导者在单位治理中和谐化解争端具有重要借鉴意义。

难能之理宜停

《菜根谭》中有曰："事有急之不白者，宽之或自明，毋躁急以速其忿；人有操之不从者，纵之或自化，毋操切以益其顽。"世上事很多是急不来的，欲速而不达就是最好的注解。回顾历史上许多难办棘手之事，都是由那些聪明的政要暂时搁置起来，让时间去化解一切。当争端僵持时，时间就是最好的缓冲剂。

案例 竹子用了 4 年的时间仅仅长了 3 厘米，从第 5 年开始，以每天 30 厘米的速度疯狂生长，仅用 6 周就能长到 15 米。为什么？其实，在前 4 年，竹子将根在土壤里延伸了数百平米，为第 5 年的超速生长，储备了充足养分，奠定了雄厚的基础。这样，才有了后面的"茁壮成长"。而且，当台风扫过热带地区时，竹子会弯曲下来，一旦风暴吹过，竹子会在瞬间弹回原位。所以竹类植物总能逃脱厄运而不受损伤，并且能平静地化解争端。这就是我们常说的"竹子定律"。

竹子定律告诉我们：成功的过程是，前面的大部分时间都是积蓄能量、蓄势待发，等能量积蓄到一定程度，其后才能厚积薄发、水到渠成，做人做事亦是如此。因此，领导者无论面对多么错综复杂的矛盾，都不能有急于求成的心态，要先学会忍耐。

忍一时风平浪静，退一步海阔天空。忍耐不是目的，是策略。然而很多人是做不到的，往往刚说一句就暴跳如雷。《三国演义》里诸葛亮三气周瑜，愣把周瑜气死了，就是因为周瑜不懂得忍耐，不懂得"难能之理宜停"的道理。领导者在日常工作中，难免会遇到各种错综复杂的争端，在化解争端过程中，要准确把握"难能之理宜停"的艺术，宽之、纵之不是不管，而是留待将来去处理，比现在处理更节约成本，而且还会把人与人之间的关系处理得更融洽，使人际环境更加和谐。至于所谓"操之不从者"，主要是其心不从。因此，我们可以学学诸葛亮，来个七擒七纵，使其口服心服，然后自动归顺。

难处之人宜厚

俗话说：海宽不如心宽，地厚不如德厚。宽厚是领导者的一种美德和修养。在单位治理过程中，很多领导者都会遇到"难处之人"，要么是与自己观念、立场等不同者，要么是自己的反对者，要么是与单位文化格格不入者等，难免会把领导者置于"争端"之中，这是不可回避的事实。要化解此类争端，就需要领导者待人宽厚，具备虚怀若谷的胸怀、容纳诤言的雅量。比如，在化解与同级之间的争端时，做到心胸宽广，不斤斤计较本部门或个人的得失，大事讲原则、小事讲风格，只要工作的大目标是一致的，就坚持求大同、存小异，互谅互让，真诚合作；在化解下属之间的争端时，只要不是大的是非原则问题，可采取模糊处理的办法，多加安抚和劝导，而不必追根究底，更没有必要明确指出错误、责任在哪一方，以免加剧对立、激化争端；在遇到下属"不服从领导"或反对自己时，首先扪心自问、检讨自己的错误，并勇于承认错误，这样不但不会失去威信，反而会因此获得尊重与支持，争端也就迎刃而解。唯有如此，领导者才能驾驭"难处之人"，将其变为支持者、拥护者，化消极因素为积极因素。此所谓"难处之人宜厚"的争端化解艺术。

案例 美国内战后期，全美国人，包括南方诸州的美国人，都了解到林肯这个人富有同情心、宽容待人、轻易不对别人采取粗暴行为。

1865年2月，他离开华盛顿前往参加汉普顿大道和平会议。在会议上，他见到了联邦的几位领导人。会议期间，双方领导人的话题终于谈到了会议的核心问题。林肯向对方明确指出他们已失去了任何可以逃脱惩罚的资格。过了一会儿，南方的一位领导人对林肯说："总统阁下，如果你的意思我没有理解错的话，就是说你认为我们已犯下了叛逆之罪。也就是说，我们是你领导的政府的叛徒。我们已经丧失了自己的权利，理应被处以绞刑。这就是你所表达的意思吧？""是的，你的陈述比我表达的意思准确多了，"林肯说，"你的话非常有分寸。""好吧，林肯先生，"那位领导人过了一会儿又说道，"不过，我们可以断言，只要你担任总统，如果我们好好表现的话，我们就不会被处以绞刑了吧？"很显然，林肯的这种同情心也帮他争取到敌对者的支持。后来，林肯非但没有处死联邦政府的官员，而且还尽力释放了他们所有人。

领导者待人宽厚，就是在单位内部创造友好和谐的气氛、民主平等的环境，这不仅是工作顺利开展的重要保证，而且有助于解除下属的后顾之忧，并最大限度地发挥他们的聪明才智。早在抗日战争时期，毛泽东就指出："不管被压迫民族中间参加革命的阶级、党派或个人，是何种的阶级、党派或个人，又不管他们是否意识到这一点，只要他们反对帝国主义，他们的革命，就成了无产阶级社会主义世界革命的一部分，他们就成了无产阶级社会主义世界革命的同盟军。"正是从这一点出发，中国共产党在抗日战争中，实行国共合作，从而结成了包括一切抗日力量在内的最广泛的抗日民族统一战线,终于取得了抗战的胜利。历史故事《将相和》中的廉颇与蔺相如也是很好的例子。廉颇见蔺相如的职位,一步步高过了自己,心中不服,几次三番地为难他、羞辱他。而蔺相如是一个宽厚的人,他一概容忍,再三退让,不计较个人恩怨,顾全大局,深明大义,终于赢得了廉颇的敬重,廉颇负荆请罪,使得赵国更加强大。

难处之事宜缓

"思索使人伟大",优秀的领导者必然长于细致的思考。领导者在单位治理过程中,必然会遇到"难处之事",有上面的压力,有群众的议论,有习惯势力的影响,有思想认识的不统一等各种因素造成的争端。"难处之事宜缓",特别是在事业发展的关口上,凡事应多问几个为什么,多做调查研究,多想前因后果,多掂量轻重缓急,这样才能把握全局、减少失误、获得主动。

毛泽东在《反对本本主义》中指出:"离开实际调查就要产生唯心的阶级估量和唯心的工作指导","没有调查就没有发言权","你对于那个问题不能解决吗?那么,你就去调查那个问题的现状和它的历史吧!你完完全全调查明白了,你对那个问题就有解决的办法了。一切结论产生于调查情况的末尾,而不是在它的先头","不做正确的调查研究同样没有发言权"。只有正确地调查研究才能掌握事实的全部材料,揭示事物的发展规律。因此,领导者在化解争端时,要善于运用从群众中来、到群众中去的方法,眼睛向下,谦虚为怀,深入实际,细致了解,掌握实事求是的思想路线,广泛听取各种意见,避免偏听偏信、道听途说,用联系的全面的观点看待争端,不盲目决策、草率决策。

所谓"从群众中来",就是领导者要深入群众,把来自各方面分散零碎、缺乏系统的群众意见集中起来，经过分析研究，整合为集中的系统的意见，转化为领导者的主张，并形成切合实际的决策、措施。所谓"到群众中去"，就是要把通过集中群众意见后，经过研究、论证所形成的决策、措施，以动员说服、宣传解释等工作方式，再回到群众中去，使之变为群众的意愿，在实践中坚持下去，并在群众的行动中检验这些意见是否正确。当然，从群众中来、到群众中去，不是一次完成的，而是一个无限发展的过程，其内容与形式也是不断发展的。比如，在单位内部建立领导与群众直接协商对话制度，就是从群众中来、到群众中去的有效形式，不仅可以简化与群众结合的层次，也可以缩短与群众的距离，有力地防止争端化解过程中官僚主义和主观主义错误的发生。

案例 有一个食品厂，坐落于某城市的繁华地段。但因经营不善，食品厂长期亏损。为拉动本市经济增长，该市的政府部门研究决定，将食品厂改造为副食品批发市场。如此一来，既可解决食品厂下岗职工的就业安置问题，又可方便附近居民日常生活。于是，该市政府部门马上投入到项目审批、征地拆迁、建筑规划设计等一系列前期准备工作。在项目进行过程中，意外收到消息：外地一开发商在不远处率先投资兴建了一个综合市场，而其中也有一个副食品批发场区，足以满足需求。

这令市政府领导陷入了两难境地：如果继续建设副食品批发市场，那么必然亏损；如果停建，则前期投入将全部打水漂。面对此种情形，该市政府又迅速调整思路，决定将项目改建成居民小区，由开发商进行开发，但对原食品厂职工没能做出有效的赔偿。因为没能解决食品厂职工赔偿问题，使该厂职工陷入困境，他们长期向上级部门反映。此事为该市的稳定埋下了隐患。

此案例中，该市领导解决问题时的出发点是好的，既想解决企业不景气的问题，又要为城市居民解决购物问题，对企业职工也有一个比较好的安排。但其违背了"难处之事宜缓"的原则，没能做充分的调查研究，盲目决策，而且在出现第一次决策失误时，仍然"拍脑袋"造成第二次决策失误，导致工作局面陷入被动，给该市的发展带来了不安定因素。

陈云在谈到领导方法时说过这样一句话："要拿出一定的时间'踱方步'，考虑战略性问题。"这里的"踱方步"是一种形象的比喻，是指领导者要开动脑筋，善于思考，更多地考虑和谋划一些关系全局的大事。对于工作中的"难处之事"，复杂的争端，不是草率决策，而是有意识地"踱"到图书馆等地方进行学习研究，"踱"到专家学者面前虚心求教一番，"踱"到群众当中收集意见和建议，就可以想得深一些、透一些，从而拿出解决问题的新思路、新办法。

难成之功宜智

孙子曰："兵者，诡道也。"一个团队如同一支部队，领导人如同统帅。没有智慧是无法带队出征的，正所谓思路决定出路。领导者面对的"难成之功"，不论是"老问题"还是"新问题"，都需要领导之"智"。当然，智慧不是与生俱来的，而是后天学习修炼而得。

古人说："学者非必为仕，而仕者必为学"。领导者只有加强学习，才能拥有领导智慧，工作才能增强科学性、预见性、主动性，领导和决策才能体现时代性、把握规律性、富于创造性。在面对单位争端时，才能避免"盲人骑瞎马，夜半临深池"，陷入少知而迷、不知而盲、无知而乱的困境。习近平总书记指出："现在，我们遇到的问题中，有些是老问题，或者是我们长期努力解决但还没有解决好的问题，或者是有新的表现形式的老问题，但大量是新出现的问题。新问题每时每刻都在出现，而且多数又是我们过去不熟悉或者不太熟悉的。出现这样的状况，是由世情、国情、党情的发展变化引起的。不论是新问题还是老问题，不论是长期存在的老问题还是改变了表现形式的老问题，要认识好、解决好，唯一的途径就是增强我们自己的本领。增强本领就要加强学习，既把学到的知识运用于实践，又要在实践中增长解决问题的新本领。"一个领导者只有加强学习，增长了智慧，做到"难成之功宜智"，才能创造出一流的政绩，才能受到群众的爱戴与拥护，从而取得最后的成功。

案例 第十六届美国总统亚伯拉罕·林肯出身于一个鞋匠家庭，而当时的美国社会非常看重门第。林肯竞选总统前夕，在参议院演讲时，遭到一个参议员的羞辱。这位参议员说："林肯先生，在你开始演讲之前，我希望你记住，你是一个鞋匠的儿子。"那位参议员的目的就是要打击林肯的自尊心，好让他退出竞选。

此刻，人们都沉默了，静静地看着林肯，听他会说些什么话来反击那位议员。"我非常感谢你使我想起我的父亲，"林肯说，"他已经去世了。但我一定会记住你的忠告，我知道我做总统无法像我父亲做鞋匠那样做得那么好。"此时掌声雷动。

林肯转向那位傲慢的参议员，说："据我所知，我的父亲也为你的家人做过鞋子，如果鞋子不合脚，我可以帮你改正它。虽然我不是伟大的鞋匠，但我从小就跟父亲学到了做鞋子的技术。"接着，林肯又对所有的议员说："对参议院的任何人都一样，如果你们穿的那双鞋是我父亲做的，而它们需要修理或改善，我一定尽可能帮忙。但是，有一件事是肯定的，我无法像他那么伟大，他的手艺是无人能及的。"说着，林肯流下了眼泪，会场里的嘲笑都化成了真诚的掌声。林肯如愿以偿，当上了美国总统。（资料来源：《管理故事：鞋匠的儿子》）

作为一个出身卑微的人，林肯没有任何贵族社会的背景，他唯一可以倚仗的是自己出类拔萃的、扭转不利局面的才智。他通过自学使自己成为一个博学而充满智慧的人，从而赢得了别人的尊重，成就了生命的辉煌。我们不得不承认，这是林肯对"难成之功宜智"的最好的诠释。

简言之，"难成之功宜智"，不是为"智"而"智"，而是为以"智慧"和谐化解争端，提高单位及社会治理效率，增强为人民服务的本领，从而受到群众的爱戴与拥护。可以预见，在今后的前进道路上，来自各方面的争端肯定会不断出现，领导者是否能改变"新办法不会用，老办法不管用，硬办法不敢用，软办法不顶用"的窘境，拥有化解争端、战胜争端、驾驭争端的智慧，关键看领导者是否重视学习，将学习作为推动事业发展的一条成功经验。

和谐是春风是细雨，有了和谐才有了春华秋实，有了和谐才有了人世间的美好和国泰民安，才有了社会进步和事业成功。毋庸置疑，和谐是领导艺术的新境界。领导者只有运用和谐化解争端的领导艺术，才能充分发挥领导者的才智，才能无往而不胜。

用人篇

领导者要知人善任，广纳群贤

毛泽东说，领导者的责任归结起来是两件事："出主意"和"用干部"。如果说，"出主意"更多的是体现领导者的雄韬伟略、杰出才能的话，那么，"用干部"则更能体现其领导力的强弱。领导者只有具备识才的慧眼、用才的气魄、爱才的感情、聚才的方法，知人善任，广纳群贤，才能开创"振臂一呼，应者云集"的良好局面。

新时代领导者如何"以情用人"

古人云:"为将之道,当先治心"。作为领导者,如果一味以权压人,对部属冷漠无情、麻木不仁,摆架子、逞威风,领导者对下属或群众仁慈和蔼、通情达理、以情暖人、以情感人、以情化人,就一定能使部属产生亲近感,从而形成强大的凝聚力。

以情暖人

案例 有这样一则寓言:北风和南风比威力,比一比谁能把行人身上的大衣脱掉。北风凛冽刺骨地刮过来,结果行人却把大衣越裹越紧。南风则徐徐吹动,顿时风轻日暖、春意盎然,行人因为觉得暖意融融,便开始解开纽扣,继而脱掉大衣。南风获得了胜利。

这则寓言形象地说明了一个道理:温暖胜于严寒。领导者在领导活动中运用"南风"法则,就是要尊重和关心下属或群众,以人为本,多点人情味,使下属或群众真正感觉到领导者给予的温暖,用实际行动赢得下属或群众的拥护和爱戴。

有位伟人说过:"世界上最宝贵的是人,只要有了人,无论什么人间奇迹都可以创造出来"。重视人,重视发挥人的主观能动性、积极性和创造性,把潜伏于人身上的能力与智慧最大限度地发挥出来,这是古今中外一切成功者的共识。由于人是有感情的万灵之长，因此要做到这一点，就需要情的推动、爱的温暖。凡是卓越的领导者，都是善于以情暖人的，因为只有通过以情暖人，才能使下属或群众感到自己受到了重视，因而愿意尽己所能，充分发挥自己的潜在力量。

以情感人

古人云："士为知己者死，女为悦己者容"，"感人心者，莫过于情"。刘备求贤若渴，顶风冒雪三顾茅庐，终于请出诸葛亮，靠的就是以情动人、以情感人。《孙子兵法》记载，兵圣孙武要求为将者应具备"智、信、仁、勇、严"五个方面的才能，强调将帅不仅要拥有威武之仪，还需要怀揣仁爱之心。唐朝诗人白居易也说："动人心者莫过于情。"情动之后心动，心动之后理顺。仁爱兵卒、仁爱部下，无非也是要求为将者动之以情，统一军心，达到制胜的目的。

案例　魏东亭是康熙皇帝信任的侍卫。

有一次，康熙在巡视河道的时候，遇上地方百姓和地方官发生争执。在观看中，康熙得罪了恶人，那恶人要打康熙，眼看恶人就要打来的时候，康熙本想拔出天子宝剑怒斩恶人，但因为微服出巡，没有佩带宝剑。转头一看，魏东亭正在呆头呆脑地望着，不知如何应付这种突发事件。康熙立即扬起手，"啪"的一记耳光打向魏东亭，说："主辱臣死，你懂吗？难道要朕亲自动手？"一句话提醒了魏东亭，立即出手解围。

当晚，康熙休息的时候，叫在外站岗的魏东亭，说："东亭！你走到灯前来吧！"魏东亭战战兢兢走过来。康熙说："让我瞧瞧！"

康熙一边看他的脸,一边说:"朕一向以仁慈对待下属,今日却无端打了你……"魏东亭听了,突然间感到亲切,从来没有和康熙如此亲近,感到一股热气涌上心头,连忙下跪,说:"主辱臣死,是奴才的过失!"康熙又说:"你有委屈吗?有委屈就哭出来吧!哭一场就舒服一些!"魏东亭更紧张地说:"不不不……没有委屈!奴才怎会有委屈?都是奴才手脚慢,只见他们正在冒犯皇上,而奴才居然呆着不知如何应付,真是罪该万死……"他一边说,一边流泪。康熙笑着说:"朕打错了你……"魏东亭更忍不住,鼻涕也流了出来。康熙一手扶起了魏东亭,又说:"你不觉得朕委屈了你,近来对你好像刻薄了一些吗?"魏东亭立即说:"奴才没有这样想过,主子也未曾薄待过奴才!"康熙笑着说:"朕要有意锻炼你一下。你说要弃武就文,目的当然是他日找一条好的出路,这是对的,如果封你一个官职,只是朕一句话就可以了,但这样不能培养你成材。你还需要多一点历练,所以朕对你是严格了一些。你知道吗?索额图是皇亲,有时胡来,只要不太过分,朕也会忍他一忍,给他一点面子。将来你的前途,肯定在明珠、索额图等人之上,但要好好历练……"魏东亭听了,更加感激,说:"主子明训,令奴才茅塞顿开……"康熙又说:"朕再三筹划,才不得不把你留在身边。你要吃得起这个亏呀!"康熙一番说明,说得情真意切,魏东亭本来有很多怨气,但经过今天一掌之后,得到皇帝如此交心地讲明白,真是又服又帖,更加忠心地做好分内的工作了。

古人尚且懂得"用情"之道,现代领导者更应懂得:人是世界上最富有感情的群体,"以情感人"是领导者调动人的积极性的一项重要手段。管理心理学研究表明,一个人生活在温馨友爱的集体环境里,由于相互之间尊重、理解和容忍，使人产生愉悦、兴奋和上进的心情，工作热情和效率就会大大提高；相反，一个人生活在冷漠、争斗和尔虞我诈的气氛中，情绪就会低落、郁闷，工作热情也会大打折扣。领导者在"用情"时，必须抓住一个"心"字，与下属或群众互相交心、互相关心、以心换心，从而达到心心相印、同心同德、共同一心干事业。

以情化人

案例 在进军意大利的一次战斗中，士兵们都很辛苦，拿破仑夜间巡查岗哨。在巡查岗哨的过程中，他发现一名站岗士兵倚着大树睡着了。他没有立即喊醒士兵，而是拿起他的枪替他站起了岗。大约过了半个小时，哨兵从沉睡中醒来，他认出了正在替自己放哨的是最高统帅，十分惶恐和绝望地跪倒在他跟前。拿破仑却没有恼怒，而是和蔼地对他说："朋友，不要这样。你们艰苦作战，又走了那么长的路，你打瞌睡是可以谅解的，但是，目前一时的疏忽就可能断送全军。我正好不困，就替你站了一会儿岗，这是你的枪，下次你一定小心啊！"

哨兵在岗位上睡觉，完全可以处以军纪。然而，拿破仑面对长途跋涉、疲惫不堪而偶尔失职的哨兵，却没有这样做。他既没有破口大骂或大声训斥他的士兵，也没有摆出统帅的架子，而是语重心长、和风细雨地指出士兵犯的错误。他这种关心体恤下属、"以情化人"的做法，使得他的官兵从内心深处拥护他、爱戴他，不折不扣地执行他的命令。试想，有这样善于"以情化人"的元帅，士兵怎么可能不英勇作战呢？

现在有不少领导者反映人难管，原因何在？其实，最根本的原因是领导者没将与下属或群众的关系摆正。下属或群众在领导者心里，究竟是一种达成目的的工具，还是具有个人特色的个体？在领导活动中，是应该"以鞭打人"，还是"以情化人"？

人区别于动物的最根本一点除了语言，就是人类具有丰富的情感，而这些错综复杂的情感又会左右每一个人的思维。下属或群众的情感变化决定着其工作态度、工作热情及工作方法，从而影响着整个事业的发展。可以说，从前领导者职位所赋予的不容挑战的权威已经荡然无存，如今的领导者更应该用情去感化下属或群众，而不是用强权去控制下属或群众。

"人非草木，孰能无情"。情感力量是一种内在自律性因素，它可以深入到人的内心世界。作为领导者，不仅要依靠物质手段激励下属或群众，更要着眼于下属或群众的情感生活，善于对下属或群众"用情"，从而实现领导活动的最佳效能。

新时代领导者如何"以智赢人"

孙子曰:"兵者,诡道也。"一个团队如同一支部队,领导人如同统帅。思路决定出路,不善于以智赢人的领导者是无法带队出征的。俄罗斯有句名言:哪里有智慧,哪里就有成效;哪里有智慧,哪里就有道路。对于领导者而言,缺乏领导智慧,领导就更无从谈起。俗话说,三流领导靠技能,二流领导靠知识,一流领导靠智慧。那么,当今的领导者又该如何以智赢人呢?

"猴王分桃"的启示

案例 有一群猴子,种了一片桃园。猴子们在猴王的带领下,加强管理,给桃树浇水、施肥、捉虫……没过三年便结出了甘甜的桃子。连续几年,桃园年年丰收。每到成熟的季节,每只猴子便可分到两大筐鲜美的桃子。可有一年天旱得特别厉害,根本没处弄水浇桃树。自然,桃树结的果便明显地少了。桃子怎么分呢?如按每只猴子两筐,肯定是不行了。若一只猴子一筐,猴子们一定会有意见的。猴王抓耳挠腮,总算想出了办法。于是,猴王便让一只小猴放出风来,说今年因为受旱灾,桃子一筐也不分了。猴子们听到这个消息都惶惶不安。猴王马上召开会议,对猴子们说:"说今年不分桃子那是谣传,虽说是受了自然灾害,但今年的桃子还是要分的,分不了两筐,分一筐总是可以办到的!"猴子们这才稳住心,高兴地想,还是猴王英明,虽然受了旱灾,但总可以分到一筐桃子!

(资料来源:《猴王分桃》,中国人力资源开发网管理频道 2004 年 8 月 31 日)

其实,在组织管理中,很多情况下领导者都可以化腐朽为神奇,变逆境为顺境。像猴王分桃那样,人人都有自己的价值目标,但在大环境中,人们又会形成一种共同的价值追求。如何充分展示领导力,把两者协调起来,这就需要智慧。

组合"偏才"构成"全才"

案例　唐太宗登基后,唐朝因开国不久,整个朝廷的结构都在建设与调整之中,把手下的有才之人分别放在什么位置上,才能够成为一个最合理、最有效的组织结构呢?房玄龄处理国事总是孜孜不倦,知道了就没有不办的,于是唐太宗任用房玄龄为中书令,掌管国家的军令、政令,管理万邦,处理百事;魏征常把谏诤之事放在心中,于是被任用为谏议大夫;李靖文才武略兼备,出外能带兵,入朝能为相,就任用李靖为刑部尚书兼检校中书令,掌管全国刑法。房玄龄、魏征、李靖共同主持朝政,取长补短,发挥了各自的优势,共同构建起大唐的上层组织。除此之外,唐太宗发现房玄龄能提出许多精辟的见解和具体的办法来,但房玄龄却对自己的想法和建议不善于整理。而杜如晦,虽不善于想事,但却善于对别人提出的意见做周密的分析,精于决断,什么事经他一审视,很快就能变成一项决策、律令,提到唐太宗面前。于是,唐太宗就重用他二人,把他们两人搭配起来,密切合作,组成合力,辅佐自己,从而

形成了历史上著名的"房谋杜断"的人才结构。（资料来源：《房谋杜断》，中国网 2007 年 12 月 5 日）

唐太宗李世民曾说："一个人做事，不能样样都会，我用人总是用他的长处，避免用他的短处。"毋庸置疑，唐太宗的"房谋杜断"的用人搭配体系非常高明。用人，不仅表现在人的量的多少，而且还在于人才的合理搭配，数量既取决于其规模，又取决于结构合理，并且后者更高于前者。在一个群体中，不仅要有个体人才的优势，更需要有最佳的群体结构。"全才"是极少有的，"偏才"是绝大多数，但"偏才"组合得好，就可以构成更大的"全才"。这就是唐太宗之所以成为一代名君的重要原因之一。

清代学者魏源曾说："不知人之短，不知人之长，不知人长中之短，不知人短中之长，则不可以用人。"作为领导者首先要知道每个下属的长处和短处，并且运用每个人的长处，把每个人的长处作为共同绩效的建筑材料来建成组织的大厦。因此，善于以智赢人的领导者，总是把着眼点放在人的长处上，弄清这个人有什么长处，如何用他的长处。

案例 被誉为"世界第一 CEO"的韦尔奇，对选人艺术也有其独特的见解。他认为，挑选最好的人才是领导者最重要的职责，领导者的工作，就是每天把世界各地最优秀的人才延揽过来。韦尔奇提出了著名的"活力曲线"：一个组织中，必有 20% 的人是最好的，70% 的人是中间状态的，10% 的人是最差的。这是一个动态的曲线，即每个部分所包含的具体人一定是不断变化的。一个智慧的领导者，必须随时掌握那 20% 的动向，并制定相应的机制，在 70% 的"中间者"中发掘出有特长的人才，从而使 20% 的优秀者不断地得以补充与更新。可见,韦尔奇在选人艺术方面也是充满智慧的。(资料来源:《管理故事:留住最优秀的草》,中国人力资源开发网 2005 年 7 月 15 日)

马克思说:"智慧同智慧相碰,就迸溅出无数的火花"。成功的领导者都有一种凝聚众人的超凡能力,能凝聚起不同背景、不同需求、不同年龄的人,从而建立起一个高效的团队。毫无疑问,以智赢人,是提升这种能力的重要利器。

善用幽默的智慧

幽默作为智慧、才能、学识和教养的象征,恰如其分的运用能在锻造与提升领导力中起到重要作用。

案例 1945 年 10 月,国共两党在重庆谈判期间,毛泽东写的《沁园春·雪》以其宏伟壮观的场面和气势磅礴的笔触,在重庆文艺界掀起一场空前热烈的讨论。谈判空隙,文艺界名流邀请毛泽东作一次演讲。演讲结束后,有人问:"假如谈判失败,国共全面开战,毛先生有没有信心战胜蒋先生?""国共两党的矛盾是代表两种不同利益的矛盾,至于我和蒋先生嘛……"毛泽东幽默地说:"蒋先生的'蒋'字,是将军头上加一棵草,他不过是一个草头将军而已。"说完,便发出了豪迈的笑声。"那毛呢?"不待那人说完,毛接着说:"我的毛字可不是毛手毛脚的'毛'字,而是一个反手,意思是代表大多数中国人民利益的共产党要战胜代表少数人利益的国民党易如反掌。"

毛泽东对这一姓氏的随意解说，既风趣幽默，展现了一代伟人的领导魅力，又表达了对中国共产党必胜的坚强信念。

西方政界领袖和社会名流一向都很重视自己有无幽默才能。他们认为幽默是自我表现、取悦于民的极好手法。幽默的领导者比古板严肃的领导者更易于与群众打成一片。经验丰富的领导者都知道，要使身边的下属或群众和自己同心协力，就有必要通过幽默使自己的形象人性化，给群众留下智慧、达观的印象。

新时代领导者如何获得更多支持者

随着社会开放程度的不断提高和个人自主意识的不断加强,在领导活动中,越来越多的领导者会遇到自己的反对者,这是不可回避的事实。在这一事实面前,往往由于领导者个体素质、所持态度、处理方法的不同而使领导活动收效各异。有的领导者面对反对者恼羞成怒,视为"眼中钉""肉中刺";有的领导者则是无可奈何、束手无策、听之任之……而成熟的领导者则能够驾驭反对者,变反对者为支持者,化消极因素为积极因素,从而保证领导活动顺利开展。那么,在领导活动中如何获得更多支持者呢?笔者认为要做到以下几点。

勇担己过

案例 乔治·罗纳在维也纳当了很多年的律师,小有名气。但是,在第二次世界大战期间,他逃到了瑞典。此时,他已经不名一文,非常需要一份工作。因为懂好几国的语言,因此,他希望能在一家进出口公司里找到一份秘书工作。不幸的是,绝大多数的公司都回信告诉他,因为正在打仗,他们不需要这一类的员工。不过,他们会把他的名字存在档案里等。但是,有一个人在给乔治·罗纳的信上说:"你对我的生意的了解完全错误。你既错又笨,我根本不需要任何替我写信的秘书。即使我需要,也不会请你,因为你甚至连瑞典文也写不好，信里全是错字。"

　　当乔治·罗纳看到这封信时，非常气愤。他也写了一封信，想使那个人也大发脾气。但又停了下来，对自己说："等一等，我怎么知道他说的是不是对的？我修过瑞典文，可并不是我家乡的语言，也许，我的确犯了很多我并不知道的错误。果然如此的话，那么我想得到一份工作，就必须再努力学习。这个人可是帮了我一个大忙，虽然他本意并非如此。他用这种难听的话来表达他的意见，并不表示我就不亏欠他，所以，应该写封信给他，在信上感谢他一番。"于是，乔治·罗纳另外写了一封信："你这样不嫌麻烦地写信给我，实在是太好了，尤其是你并不需要一个替你写信的秘书。对于我把贵公司的业务弄错的事，我觉得非常抱歉。我之所以写信给你，是因为我向别人打听过，他们说你是一个非常了不起的人物。我并不知道我的信上有很多文法上的错误。我觉得很羞愧，也很难过。我现在打算更努力地学习瑞典文，以改正我的错误。谢谢你帮助我走上改进之路。"不到三天，乔治·罗纳就收到回信并请罗纳面谈，罗纳去了，而且得到了一份相当不错的工作。

　　在一个团体中，由于种种原因，下属与领导者难免要发生"冲突"。此时，最需要的是领导者能够像乔治·罗纳一样，具备虚怀若谷的胸怀、容纳诤言的雅量。遇到下属或群众反对自己时，首先要扪心自问、自我检讨，并在反对者面前勇敢地承认，这不但不会失去威信，对方也会因此更加尊重你而与你合作。千万不可居高临下、压服别人、一味指责对方过错，这是不可取的，也是反对者最不能接受的。

　　江苏南京的一位女员工将领导训斥下属的"经典语句"悄悄录音，设置成为手机铃声，本意为放松大家心情，幽默一把。结果却令她意外,她失去了年终奖,被公司提前解聘,最终双方对簿公堂。同样是恶搞,一群恶搞万科的网友们却"修成正果",王石欣赏创意者的才华,希望通过互联网找到这些网友,并邀请他们成为万科建筑与环境艺术委员会的嘉宾。

试想,如果南京那位公司领导能够学习一下万科的处理方式,"虚怀纳谏、勇担己过",幽默一点、坦然一笑,同时自省一番,以后注意一下对待员工的态度和方式,其结果难道不比双方对簿公堂好得多吗?

对症下药

俗话说:"十个手指不一样齐。"反对者反对领导者的原因也是多种多样的,有思想认识原因、有工作方法原因、有性格原因,也有的是因为其个人目的未达到,或领导坚持原则得罪过他,等等。领导者要冷静地加以分析,做到有的放矢、对症下药。

案例 有一位陆军团长,战功显赫。他手下有三位连级军官,性格各有不同。一连长是典型的实干派,事必躬亲;二连长是一位将"服从命令是军人的天职"视为唯一真理的人,有令必行,但他的缺点在于缺乏主动性;三连长则是一个喜欢标新立异、唱反调,处处显示自己的人。对这三位性格不一样的连长,团长在下命令时有独特的方法。

当接到上级攻击敌人炮兵阵地的命令后,团长这样对三位连长下令:

他对一连长说:"上级已经下达进攻敌军炮兵阵地的命令,我要求你的部队做好准备,于今天深夜十一点整发动总攻。我派你担任主攻,二连和三连分别是你的左右翼,积极配合你作战。我信任你的作战能力,这一点你是很清楚的。"

他又叫来三连长,对他说:"关于攻击敌军炮兵阵地的作战计划,我想征求一点你的意见。目前我私下认为时机尚未成熟,我们的兵力还未完全恢复实力,我担心行动失利。""不,团长,我们不能再拖下去。虽然我们的军队还未完全恢复实力,但敌军也存在同样的问题,我们不可错过战机,等敌军势力越来越强大时,我们恐怕要失去进攻的机会了。还是应该马上出击!"这些话不出团长预料,团长用坚定的语气说:"说得对,看来应该考虑立即主动出击。我命令你做右翼,紧密配合一连作战,时间是今晚十一点整!""太好了!"三连长兴奋地说道,"我们会让您在子夜零时看到敌军阵地上插上我军的旗帜。"

对于二连长,团长不仅斩钉截铁地下达了命令:"今晚十一点你从左翼配合一连猛烈进攻敌军炮兵阵地。"而且还交待了许多相关的情况和细节,并告诉他如何随机应变,灵活处理战斗中出现的异常情况。

不出所料,三个连队协同作战,一举攻克了敌军的炮兵阵地,当子夜的钟声还未敲响的时候,他们的军旗已经插在敌军阵地上了!

显然,在这一案例中,团长在发号施令的时候,就是分别对待的,特别是对三连长的"对症下药"非常成功。不仅得到了一贯喜欢唱对台戏唱反调的三连长的支持,还极大地调动起了他的满腔热情。由此可见,作为领导者,要变反对者为支持者,就必须努力找出其反对的原因,去除其中的消极因素,便可使彼此之间的隔膜迅速消失。

处事公道

不计前嫌、处事公道，是一个成熟领导者的基本素质，也是取得下属或群众拥护和爱戴的重要途径。一般而言，反对者最担心也最痛恨的是领导者找茬报复、处事不公。因此，领导者要了解反对者这一心理，对拥护和反对自己的人一视同仁，切不可因亲而赏、因疏而罚，甚至"顺我者昌，逆我者亡"。只有如此，反对者才能消除积虑和成见，进而变反对为支持和拥护。

> **案例** 三国时期，曹操为了统一北方，决定北上征服塞外的乌桓。这一举动十分危险，许多将领纷纷劝阻，但曹操还是率军出击，将乌桓打败，基本完成了统一北方的大业。班师归来后，曹操调查当时有哪些人不同意北伐计划。那些人认为要遭到曹操严惩了，一个个都十分害怕。不料，曹操却给他们丰厚的赏赐。大家很奇怪：事实证明劝阻北伐是错误的，怎么反而得到赏赐呢？曹操说："北伐之事，当时确实十分冒险。虽然侥幸打胜了，是天意帮忙，但不可当作正常现象。各位的劝阻，是出于万全之计，所以要奖赏，我希望大家以后更加敢于发表不同意见。"之后，大家更加尽心尽力地为曹操效劳了。

有容乃大

> **案例** 美国开国总统华盛顿还是大校的时候，有一次因事与一名将军发生争执，将军一巴掌把华盛顿打倒在地后，心中后悔。几天后华盛顿发出帖子邀请将军在某地见面，将军心中多疑，带着手枪前去

赴约，到了目的地，华盛顿倒好了咖啡，微笑着说："那天是我不对，我们握手言和如何？"将军感动得五体投地，从此之后跟随华盛顿南征北战立下汗马功劳，成为华盛顿一生中最值得信赖的朋友。

案例 春秋时期，齐国国君齐襄公被杀。齐襄公有两个兄弟，一个叫公子纠，一个叫公子小白。两位公子都有个师傅，公子纠的师傅叫管仲，公子小白的师傅叫鲍叔牙。听到齐襄公被杀的消息，两位公子都急忙回齐国争夺君位。

在公子小白回齐国的路上，管仲早就派好人马拦截他。管仲拈弓搭箭，对准小白射去。只见小白惨叫一声，佯装中箭而死。管仲以为小白已死，就不慌不忙护送公子纠回到齐国。等公子纠和管仲刚进入齐国国境，小白和鲍叔牙早已抄小道抢先回到了国都临淄，小白当上了齐国国君，即齐桓公。

齐桓公即位以后，下令杀公子纠，并把管仲送回齐国治罪。鲍叔牙立即向齐桓公推荐管仲。齐桓公怒气冲冲地说："管仲拿箭射我，要我的命，我还能用他吗？"鲍叔牙说："那时他是公子纠的师傅，他用箭射您，正是他对公子纠的忠心。论本领，他比我强得多。主公如要干一番大事业，管仲可是个不可多得的人才。"齐桓公听了鲍叔牙的话，不但没治管仲的罪，还任他为相。管仲辅佐齐桓公大刀阔斧地进行改革，齐国国力大增。

许多领导者都特别重视自己的"权威"，一旦有人冒犯，轻则训斥，重则"置之死地"。而这样，只能使领导者失去权威。相反，在以上案例中，华盛顿和齐桓公这种不计前嫌、豁达大度的做法，不仅体现了一个领导者的恢弘气度和宽广胸怀,而且使其更有权威。"海纳百川,有容乃大。"作为领导者,如果没有华盛顿和齐桓公那样的气度和胸怀,怎么能够变反对者为支持者,又怎么能够吸引更多的人追随呢?

情理并重

案例 西汉末年,当光武帝刘秀展开地图,总结其统一天下的战绩时,对幕僚邓禹说:"天下如此辽阔,如今我才平定了一些小郡,要到哪年哪月,才能使全国安定下来呀?我真是没有把握呀!"邓禹回答说:"的确,当今天下群雄并起,战乱不息,前景难测。但是万众都盼望着明君的出现。自古以来,兴亡都在于仁德的厚薄,而不在于土地的多少。只要您不灰心丧气,一心一意积王者之德,最终天下一定会归于统一的。"刘秀采纳了邓禹的建议。半个月后,他率领将士击败了称作"铜马"的农民军。对那些愿意归降的将士,非但不治罪,反而维持原职让他们参加刘军,继续作战。对归降的将领们还一一封侯,并下了一道命令:"投降军队不予整编,维持原编制,各降军将领仍复原位,带领原部下参战,本部不作干涉。"刘秀对降军的爱护有加,以致使他们都不敢相信,心中不免充满疑惑和不安。

刘秀为了观察各降军将领的实际反应,经常一个人单骑巡视各营地,若有人此时想行刺的话,那可是件唾手可得的事情。然而,众将士见刘秀如此诚恳,便产生了景仰之心,都异口同声地说:"刘秀能推赤心置入腹中,诚恳待人,不怀疑我们,真乃是一位度量宏大的宽仁长者!以前我们以小人之心度君子之意,怀疑他居心叵测,回想起来实感惭愧。为报君主的知遇之恩,上刀山、下火海

> 我们在所不辞！"从此后，这些降将跟随刘秀南征北战，披荆斩棘，赴汤蹈火，为最终平定天下混乱，建立东汉王朝，立下了汗马功劳。

《礼记·章句》有曰："天道人情，凝于仁。"一个高效的团队不但要靠严厉、严密的管理制度来约束每一个成员的行为，更要靠融洽、和睦的人际环境来激发每一个成员的主动性和创造性。

清华大学魏杰教授在《企业前沿问题》中提出，现代管理不接受亲情化管理、友情化管理、温情化管理以及随机化管理，而看中制度化的管理模式。但我们认为，刚性的制度化管理与柔性"以人为本"的管理完全有相互结合的余地。我们赞同在制度化管理中适当地引进亲情、友情、温情的内容，来一点人情味，"淡化"一下规则，"软化"一下制度，员工的潜能有时就是靠人情味激励出来的。无情的制度，有情的管理，情理交融，刚柔相济，应该是我们追求的境界。

因此，领导者对待下属或群众，要爱护、关心、尊重、理解、帮助、激励和成就人。特别是面对反对者，更要以德服人、以情感人、以诚待人、与人为善。只要领导者能从尊重人格、尊重个性的角度多下功夫，就一定能感化下属或群众，使其变反对为支持，那么你所领导的群体就一定会出现一个众志成城、生机勃勃的局面。

新时代领导者如何发掘"潜人才"

现代人才管理学将人才分为两大类：显人才和潜人才。显人才，是已被社会承认的人才，即平常所讲的人才。潜人才，即"人才黑马"，简而言之，是已经成才，但不被社会承认的人才。

翻开中外历史，任何人才都有一个从潜到显的过程。"人才黑马"是人才成长、显露的艰难期。他们如果能够及时得到社会的承认，能够及时得到方方面面的支持和帮助，就可能脱颖而出为社会作出更大的贡献。反之，这样的人才很有可能被压抑、埋没。然而，在日常的管理实践中，一方面那些名声在外的显人才重复设奖，层层立项，奖励"过度"；另一方面，大量的"人才黑马"和"小人物"却难得"阳光雨露"的滋润。不管从人才培养还是奖励模式的角度看，都值得我们反思。

我国社会主义现代化建设需要千千万万、方方面面的人才，显人才是成就中华民族大业的重要力量，"人才黑马"则是显人才的后备军。离开"人才黑马"，显人才就会成为无源之水、无本之木。因此，领导者选人用人要慧眼独到、胆略超群，对于名不见经传的未名"人才黑马"，要及早识别，大胆起用。《诸葛亮·将苑知·人性》中有曰："问之以是非而观其志，穷之以辞辩而观其变，咨之以计谋而观其识，告之以祸难而观其勇，醉之以酒而观其性，临之以利而观其廉，期之以事而观其信。"这"七观"，对领导者发掘和起用"人才黑马"，有很好的参考价值。

问之以是非而观其志

问之以是非而观其志，这是指向对方提出大是大非的问题，看他的志向、志趣。人是用思想来支配行动的，而其志趣、志向则最能反映出一个人的人生观、价值观。一个人只有具备坚定的信仰，才能不怕困难、不惧艰辛，也才能成就一番大事业。如周恩来在小的时候，老师问同学们为什么要读书，有的为了光宗耀祖、有的为了荣华富贵，而周恩来在当时就立下"为中华之崛起而读书"的誓言，让老师为之震惊。通过周恩来年少时的远大志向，便可知其将来必成大器，事实已经证明，正是这一志向造就了世界瞩目的杰出政治家。

志向是人们前进的动力，人无志不立。要判断一个人是否值得重用，就必须了解他的立场和观点。历史上著名的"九方皋相马"的故事就说明了这个道理。

> **案例** 春秋战国时期，秦国有位有名的相马能手叫伯乐，他的相马技能天下闻名。伯乐暮年之时，秦国国君秦穆公召见他，问他："您年纪大了，您的后辈人中有谁能继承您寻找千里马呢？"伯乐答曰："一般的良马，其特征明显，从其外表、筋骨便可察出。而那天下难得之千里马，看起来与一般的好马相差无几，其特征，好像也若有若无。不过，千里马奔跑起来，又轻又快，从眼前一闪而过，却看不到飞扬的尘土，寻不着留下的蹄印儿。我的儿子们都才能低下，对于好马的特征，我可以告诉他们；而千里马的特征，那只能意会，不可言传，他们是无法掌握的。不过，有一个名叫九方皋的人，相马技术不比我低，请大王召见他吧。"秦穆公便召见了九方

皋，派他到各地去寻找千里马。

三个月后，九方皋回来了。禀报大王说："我为大王您寻找到了一匹千里马。不过，那匹千里马眼下正在沙丘。"秦穆公问："那匹马是什么样的马呢？"九方皋回答："一匹黄色的母马。"秦穆公于是派人去取，却是一匹黑色公马。秦穆公很不高兴，把伯乐叫来说："你推荐的人连马的毛色与公母都分辨不出来，又怎么能认识出千里马呢？"

伯乐长叹一声，说道："想不到他识马的技术竟然高超到如此地步！这是我不能比的啊。九方皋看到的，是马的精神和机能。他看马时，眼里只看到了马的特征而不看马的皮毛，注重它的本质，去掉它的现象；他只看那应该看到的东西，不去注意那不该注意的东西。九方皋相马的价值，远高于千里马本身的价值，这正是他超我之所在啊！"那匹马从沙丘被牵到秦穆公和伯乐面前时，大家一看，果然名不虚传，是天下少有的千里马。

有所舍弃才能有所专注。不管是看问题还是选人、用人，领导者只有像九方皋相马一样，"注重它的本质，去掉它的现象"，去伪存真，去粗取精，求其大节，而不苛责小事，才能发掘出真正的人才。

穷之以辞辩而观其变

穷之以辞辩而观其变，就是通过出其不意的问答来观察其应对突发问题或事件的能力。

在诸葛亮看来，在诸多智能因素中，应变能力十分重要。在当今社会，"变化是唯一不变的"，一个领导者面临的形势、问题和情况瞬息万变，一些突发事件对领导者的应变能力也提出了严峻的挑战。对于这样的情况，能否处理得当，不仅取决于领导者的分析判断能力、思维能力、知识水平和知识结构，更主要取决于其面对突发情况，能否保持心理稳定，能否冷静思考、处变不惊、保持思维的敏捷并提出解决问题的方法。为官一任，造福一方，只有具备能够驾驭复杂问题的能力，才能担当重任。

> **案例** 郑国有一个人，发现脚上的鞋子破旧了，想到集市上去买一双新的。
>
> 去之前，他在家用一根小绳量好了脚的尺寸，却随手将小绳放座位上，起身出门了。
>
> 他走了一二十里地，终于来到集市。他直接来到鞋铺，让掌柜的拿了几双鞋进行挑选，经过左挑右选，最后选中了一双满意的鞋子。他准备掏出小绳，用事先量好的尺码来比一比新鞋的大小，忽然想起小绳被搁在家里忘记带来。
>
> 于是，他放下鞋子，急急忙忙地返回家中，拿了小绳又急急忙忙赶往集市。等他风风火火到了集市，天色已近黄昏。集市上的小贩都收了摊，大多数店铺已经关门。他来到鞋铺，鞋铺也打烊了。鞋没买成，看着脚上的鞋，窟窿比原来更大了，他十分沮丧。
>
> 周围的人了解情况后，"买鞋时为什么不用你的脚去穿一下，试试鞋的大小呢？"他回答说："那可不成，量的尺码才可靠，我的脚是不可靠的。我宁可相信尺码，也不相信自己的脚。"

选人用人不应是本本先生，更不应是郑人买履的"郑人"，那么怎样知其应变能力强弱呢？诸葛亮的办法就是用无懈可击的言辞把他逼到理屈词穷的地步,让他只有招架之功而无还嘴之力,看其反应如何。应变能力弱者无力回天,瞠目结舌;应变能力强者,定会绝处逢生,另辟蹊径,出奇制胜。

咨之以计谋而观其识

咨之以计谋而观其识,就是指通过询问计谋来了解其学识的真伪、宽窄等。

古今中外,缺乏智谋、遇事束手无策的领导者,即使有心为善,为上级解愁,为百姓排忧,也只能是力不从心,无法左右大局。相反,深谙计谋、胸怀韬略之人必是见识广博、视野宽阔之人,也必将是可塑之才。18岁就成为元朝丞相的安童就是一个很好的例子。

案例 元世祖忽必烈统一全中国,建立了元朝,是一个杰出帝王。元世祖的杰出不仅体现在他打出了中国历史上最大的版图,还体现在他慧眼识才、唯才是用的智慧。其中,他任18岁的安童为丞相,就是他不重资历、不拘一格用人才的一个例证。

安童是元初"开国四杰"之首的木华黎的孙子,13岁时,就因祖父的功劳而被"召入长宿卫,位上百僚之上"。但他不愿倚仗着祖辈功劳,而是树立大志、勤奋学习。元世祖与阿里不哥争王位得胜后,拘捕了阿里不哥的党羽千余人,世祖问安童:"朕欲置此等于死地,你以为如何?"安童说:"人各为其主,他们跟随阿里不哥也是身不由己,这由不得他们选择。陛下现在刚刚登上王位,要是因为泄私愤而杀了他们,那又怎么能让天下人诚心归附呢?"元世祖没料到一个16岁的少年竟有如此见地,惊讶地说:"爱卿年纪尚幼,何以懂得这番道理?卿言正合朕意!"从此,元世祖对安童就更加另眼相待了。

两年后,安童18岁。元世祖看他处世练达、办事果断、为人稳重、足智多谋,决定破格任用他。安童推辞道:"现在大元虽已安定三方,但江南尚未归朝廷,臣年少资轻,恐怕四方会因此而轻视朝廷,还请陛下另请高明。"元世祖主意已定,说:"朕思之熟矣,无以逾卿。"于是,安童成为中书右丞相。此后,安童一直身居要职,直到49岁因病去世,共为元世祖效力31年,为元初国家的稳定和繁荣作出了巨大的贡献。(资料来源:德隆:《忽必烈慧眼识英才》,《财富时报》2005年12月21日)

告之以祸难而观其勇

告之以祸难而观其勇,这种方法是指通过棘手、难办事情或突发的事件来考察其勇气。

古代武将带兵打仗主要看其是否忠勇,那么,怎样才能知其忠勇呢?诸葛亮的办法是,在重用一个人之前,则常常要人为地制造逆境,观察对方是否具备足够的勇气。人才总是一定要经过重重磨难的洗礼才会显露出来。正如德国著名哲学家尼采曾说过:"只有经历过地狱磨难的人,才有建造天堂的力量。"

案例 越王勾践为下决心洗去被吴王俘虏的耻辱,让大夫文种对士兵进行严格的训练。终于有一天,他问:"我想攻打吴国,可以吗?"文种回答说:"可以!我平常训练时,奖赏丰厚,刑罚严厉,而且令出必行,大王如想了解情况不妨试着焚烧宫室。"越王就焚烧宫室,此时,众人来救火。于是下令:"因救火而死者,比照阵亡抚恤;救火而没有死的,比照杀敌奖赏;不救火的,比照降敌刑罚。"于是大家就在身上抹药,披上湿衣服,赶紧去救火,很快将火灭掉了。由此可以看出越国有必胜的气势。不久,越国终于打败了吴国。(资料来源:《管理小故事》,道客巴巴 2009 年 11 月 10 日)

在大战前夕,采取这种"预演"的手段,不仅是一种"告之以祸难而观其勇"的测验,更是一种有效的强化。

醉之以酒而观其性

俗话说:"酒后吐真言""酒能乱性",西方国家也有类似的谚语,比如,"酒瓶空,真相露""三杯下肚,真话出口""稚子与酒徒,口中无虚言"等。人喝醉后,他大脑的部分意识被酒精麻醉了,所以就会在无意识中把清醒时不肯暴露的秘密和行为表现出来。醉酒之后的所作所为,往往更真实,而且是发自内心的。

诸葛亮的"醉之以酒而观其性",用今天的话来说,就是在开怀畅饮时,观察一个人的自制能力和醉酒以后所显露出来的本色。可谓颇有道理、颇为科学。诸葛亮的这种识人看其本色的做法,与清朝中兴名臣曾国藩的识人之道,是颇为相像的。

案例 作为清朝中兴名臣的曾国藩,不仅有超人的权谋之术,而且深谙人术之道。

一次,李鸿章向曾国藩推荐三个人才,恰好曾国藩散步去了,李鸿章示意三人在厅外等候。曾国藩散步回来,李鸿章请曾国藩考察那三个人。曾国藩说:"不必了,面向厅门、站在左边的那位是个忠厚人,办事小心、让人放心,可派他做后勤供应之类的工作;中间那位是个阳奉阴违、两面三刀的人,不值得信任,只宜分派一些无足轻重的工作,担不得大任;右边那位是个将才,可独当一面,将来作为不小,应予重用。"李鸿章很是吃惊,问曾国藩是何时考察出来的。曾国藩笑着说:"刚才散步回来,见到那三个人,走过他们身边时,左边那个低头不敢仰视,可见是位老实、小心谨慎之人,因此适合做后勤工作一类的事情。中间那位,表面上恭恭敬敬,可等我走过之后,就左顾右盼,可见是个阳奉阴违的人,因此不可重用。右边那位,始终挺拔而立,如一根栋梁,双目正视前方,不卑不亢,是一位大将之才。"曾国藩所指的那位"大将之才",便是淮军勇将、后来担任台湾巡抚的刘铭传。(资料来源:《曾国藩识才》,《东西南北》2000年第8期)

临之以利而观其廉

"临之以利"是指给予机会,甚至是把重要岗位交付予某人,然后考察他是否清正廉明。

自古以来,百姓都有一个共同心愿,就是盼望自己能遇到清官、好官,就怕遇到赃官、贪官和糊涂官。诸葛亮认为廉洁之人往往具备以下几个特点:忠心耿耿、忠心为国之人,往往能够做到廉洁奉公;体察百姓疾苦、注意节俭之人,往往能够做到为政清廉;不贪酒、不迷色之人,往往能够廉洁自律。三国时期,蜀国境内"刑法虽峻而无怨者",很重要的一个原因,是蜀国名相诸葛亮严于律己,一身清廉使然。公生明,廉生威,清廉的影响力和时代穿透力是极强的。

> **案例** 唐太宗李世民是我国历史上颇有政绩的一位开明皇帝,他的许多为政之道,为后来者称赞借鉴并仿效。李世民非常厌恶官吏受贿,他处分受贿官吏的方法颇为独到。
>
> 将军长孙顺德接受了别人的赠绢,事情败露,在朝堂上,李世民却赏赐他几十匹绢。许多大臣不解,以为是在助长贪欲。李世民却说:"如果他尚有廉耻,我赐他绢,那耻辱比受刑还要难受。如果他不知羞愧,不过是禽兽而已,杀也无益。"果然,长孙顺德万分羞愧,众臣也深有感触。

在此,唐太宗运用的方法,显然与诸葛亮的"临之以利而观其廉"有异曲同工之妙。不同的是,通过此法不仅能检验出对方是否清廉,而且还能了解其是否具有廉耻之心。

期之以事而观其信

这是指交代给对方一件事情,让其去完成,通过观察事情的处理来观察其诚信和忠心。"言而无信,不知其可也",看一个人是否讲诚信,要听其言、观其行。以下案例中,某部队通过"一场特别的越野赛"就很好地达到了预期目的。

> **案例** 从前,一个士兵,非常不善于长跑,所以在一次部队的越野赛中很快就远落人后,一个人孤零零地跑着。转过了几道弯,遇到了一个岔路口。一条路,标明是军官跑的;另一条路,标明是士兵跑的。他停顿了一下,虽然对做军官连越野赛都有便宜可占感到不

满,但是仍然朝着士兵的小径跑去。没想到过了半个小时后到达终点,却是名列第一。他感到不可思议,自己从来没有取得过名次不说,连前50名也没有跑过。但是,主持赛跑的军官笑着恭喜他取得了比赛的胜利。过了几个钟头后,大批人马到了,他们跑得筋疲力尽,看见他赢得了胜利,也觉得奇怪。惊诧之余大家又猛然醒悟,原来本次越野赛真正的目的不是比速度,而是比诚信啊。(资料来源:《关于诚信的中外小故事汇编》,66作文网2011年3月3日)

自古以来,诚信是对一个人最基本的道德要求,一个不诚信的人不是真正的人才,也没有资格成为领导者。诚信不仅是用人者取得下属忠心拥戴的重要条件,也是用人者对其下属最基本的需求,期之以事而观其信,然后用人不疑,这是成功的用人者的共性。

"诗家清景在新春,绿柳才黄半未匀。若待上林花似锦,出门俱是看花人。"作为掌握选人、用人之权的领导者,要善于在绿柳才黄的时候就见微知著、明察秋毫,并以当年刘备三顾茅庐的谦逊与真诚,发现并善待那些"人才黑马"。从人才成长的规律来看,选人用人最好的时机就是识于未名之时、拔于落难之日、启于被盖之际、用于陨落之前,只有这样才能发挥那些因各种原因尚处于未名状态的"人才黑马"的最佳效能。

新时代领导者如何知人善任

古人曰："用人如器,各取所长。用得其宜,则才著;用其非宜,则才晦。"领导者担负着选人用人的重任,能否做到知人善任,是领导活动成败的关键。所谓"知人",就是要了解人、熟悉人,指的是对人的考察、识别、选择;所谓"善任",就是要用好人,指的是对人要使用得当,有利于发挥人才的作用。知人是为了善任,善任必须知人。新时代领导者要做到知人善任,要把握好四个原则。

任其所长

世上无全才,人各有长短。正如清代诗人顾嗣协曾写过的一首诗:"骏马能历险,力田不如牛。坚车能载重,渡河不如舟。舍长以就短,智高难为谋。生材贵适用,慎勿多苛求。"领导者知人善任,就是要做到人适其事、事得其人、人尽其才。

案例 楚将子发喜爱结交有一技之长的人,并把他们招揽到麾下。有个其貌不扬、号称"神偷"的人,也被子发待为上宾。

有一次,齐国进犯楚国,子发率军迎敌。交战三次,楚军三败。这时,那位被待为上宾的"神偷"向子发请战。他在夜幕的掩护下,将齐军主帅的睡帐偷了回来。第二天,子发派使者将睡帐送还给齐军主帅，并对他说："我们出去打柴的士兵捡到您的帷帐，特地赶来奉还。"当天晚上，"神偷"又跑到齐军驻地将齐军主帅的枕头偷了回来，次日再由子发派人送还。第三天晚上，"神偷"又跑到齐军驻地把齐军主帅头上的发簪偷来，子发照样派人送还。齐军全军上下听说此事后，甚为恐慌，齐军主帅惊骇地对幕僚们说："如果再不撤退，恐怕子发要派人来取我的人头了。"最终，齐军不战而退。

"明主之任人，如良匠之制木。直者以为辕，曲者以为轮，长者以为栋梁，短者以为栱角，无曲直长短，各有所施。"无论什么人才，如果使用得当，扬长避短，就能人尽其才，才尽其用，成为杰出的人才；如果使用不当，舍长取短，即使是人才，也很难有所作为，甚至碌碌无为成为平庸之辈。因此，领导者用人之道的精要在于任其所长，避人所短，量才适用。这样既可以避免人才浪费，还可以激励学有专长者在工作实践中进一步发展创新。

任其所愿

案例 齐宣王准备建造一座宫殿，于是去搜寻各地的能工巧匠。有人从鲁国请来了一位很有名的石匠，但齐宣王却不重用他，让他和木匠们一起工作，让这位石匠觉得痛苦不堪。

齐宣王问他："你是嫌工钱少了吗？"石匠说："不是，我只是想打石砌墙。"齐宣王却说："木匠也是人才，那边也急需要人，你还是去做房梁吧。"石匠点点头走了。

孟子听说这件事后，立即上朝去拜见齐宣王，说道："建一座像宫殿一样的大房子，找木料是很重要的事情。如果木师找到了上好的木料，大王肯定会十分高兴，认为他能按自己的意图很出色地完成任务。如果木师把木料由大砍小了，大王就可能会发怒，认为他不会办事，担负不了大王给他的任务。您说我说得对吗？"齐宣王听了，有点摸不着头脑，一时不知如何回答。他正发愣间，孟子又说话了："从出现了社会分工开始，各人都在自己感兴趣的领域钻研，他们勤勤恳恳地学习一门技术，期望将来能在实践中运用。如果有一天您见到一个学有专长的人，却对他说：'把你那些专业技术暂时放到一边，听从我的分配吧。'结果会怎么样呢？这实际上就无法让别人发挥技术长处了。假如您有一块未经雕饰的玉石，尽管它价值连城，但您还是要请玉匠来雕饰它。然而治理国家却不同了，它不像玉匠雕玉石那样简单，只要按您的意思雕就行了。治理国家需要各方面的人才，而他们如何干，大王只能提出一些原则，却不能代替他们的大脑，更不能不顾别人所学所长，而强行要求他人一定要按自己的意思办。否则，那就和要玉匠依自己的意图雕饰玉石没什么区别了。"齐宣王感到孟子的话是有针对性的，他意识到自己对石匠的工作安排有些不妥。孟子走后，他立即派人把那位石匠叫来，让他去凿石砌墙。

在领导活动中，领导者要提高领导效能，实现特定的组织目标，必须充分调动下属或群众的积极性和创造性。如果下属或群众即使工作能力很强，但积极性没有被充分调动起来，工作劲头不大，工作成效就不一定太好。人才的劳动是创造性劳动，而创造性的劳动需要轻松愉悦的心情。如果领导者能任其所愿，使下属或群众心理处于兴奋状态，下属或群众就会由被动转化为主动，由消极转化为积极，由"要我做"转化为"我要做"。因此，领导者选人才任干部，要最大限度地尊重和满足其个人意愿，找准组织需要与个人意愿的最佳契合点，既实现下属或群众个人的价值最大化，又能完成组织目标。

任当其时

人才成长有其自身规律，领导者要把握人才成长的规律，既要在选人才时发现规律、遵循规律，又要在任用人才时利用规律，做到用当其时。

案例 某单位里调来一位新领导，据说是个能人，被派来专门整顿业务。可是，时间一天天过去，新领导却毫无建树，每天文质彬彬、有礼有节地走进办公室后，便待在办公室里几乎不再出门，单位里那些落后分子，本来非常紧张，看到新领导的表现，反而更加肆无忌惮了。在他们看来，新领导哪里是个能人，根本就是个老好人，比前任领导更容易糊弄。很快，五个月过去了，新领导开始动作了，他大刀阔斧、雷厉风行，将单位里的落后分子一律革除，有能有为者一律擢升。动作之快，行事之果断，与前段时间表现保守的他，简直判若两人。

单位年终聚餐时，新领导在酒后致辞：相信大家对我上任后的表现以及后来的大刀阔斧，一定感到很困惑。我为大家讲个故事，大家就明白了。我有位朋友，买了栋房子，带着一个大院的。朋友一搬进房子，就开始对院子进行全面整顿，将院子里的杂草杂树全部清除，改种自己新买的花卉。一天，原房主回访，看到院子后大吃一惊，他急忙问，那些名贵的牡丹哪里去了？朋友这才发现，他居然把名贵的

> 牡丹当作杂草给除掉了。后来他又买了一栋房子，虽然院子看起来更为杂乱，他却是按兵不动。果然，在冬天看起来是杂草的植物，春天里开了繁花；春天看起来是野草的，夏天却是繁花锦簇；半年里都没有任何动静的小树，到了秋天居然红了叶。一直到暮秋，他才认清哪些是无用的植物，哪些是珍贵的草木。将无用的大力铲除，珍贵的全部保留。说着，领导举起酒杯，说："我敬在座的每一位！如果我们这个办公室是一个花园，你们就是其间的珍木，珍木不可能一年到头开花结果，只有经过长期的观察才认得出啊。"

人才的成长与花草树木一样，都有发芽、成长、开花、结果等不同的阶段，而小故事中的领导显然深谙此规律，并遵循此规律选用了合适的人才。唐代文学家柳宗元《种树郭橐驼》记载：郭橐驼是一位驼背老者，以种树为业，名重京城。他所种之树"或徙移，无不活；且茂硕，早实以蕃"。有人问他有什么绝技，他回答曰："能顺木之天以致其性焉尔。""顺木之天"，这简单的四个字，其实道出了育林与用人的异曲同工之真谛。俗话说"冯唐易老"，人才不可能一直保持才华横溢的高水平状态，一旦错过最佳使用期，就难以充分发挥其作用，甚至可能导致其牢骚满腹、悲观消沉，或使人才归于平淡。因此，领导者用人既要避免"冯唐易老，李广难封"的遗憾，又要防止"揠苗助长"，过早使用"未成熟的人才"。而是要"顺木之天"、人尽其才，"当自其壮年心力精强时用之"。

任当互补

人才互补，整体最佳，这是领导者用人的一条不可忽略的原则，也是做到知人善任的应有之义。人才互补的内容，因工作的性质和目标不同而有所区别，它既包括年龄、体力的互补，性格的互补，也包括知识技能、工作条件的互补，等等。实现人才互补，达到整体效能最佳，这是一个谨慎选择、科学搭配、有机构成的过程。领导者在运用这一原则时，应进一步研究人才的组合方式，达到人才结构的最优化，才能更好地发挥人才的作用。

案例 在丰田，几乎每代领导之间都能相互完善，相互理解，各自发挥所长，最大限度地发挥领导的合力，使得企业稳定、繁荣地发展。

大野耐一是丰田生产方式的鼻祖，继承了丰田佐吉和丰田喜一郎的精神，将丰田生产方式渗透到丰田的每一个角落，为丰田的发展与壮大奠定了基础。然而，大野耐一的暴躁脾气或许让他成为世界上最难相处的领导者。丰田公司的一位管理者林南八说："大野身材魁梧高大，脾气暴躁，爱踢东西也爱踢人，甚至拿起手边的东西就摔向我们。"后来担任社长的张富士夫说："他想推广的生产方式近似残酷，他的办事方法也闻所未闻，所以在初期没人愿意跟他合作。"

但正是这个世界上最难相处的人，使得丰田成为世界上成本最低、效率最高的汽车制造企业，将丰田推向了世界顶峰。对于丰田来说，大野耐一是创造者和执行者，他有着明确的目标和坚定的决心，在丰田的领导中承担了"创造知识者"和"无情的变革者"的角色。但是如果只有这种领导，恐怕员工会怨声载道，并且产生强烈的抵触情绪，企业的发展会失去重心和平衡。因而，丰田英二承担了"持续影响者"的角色，他对大野耐一的激进做法予以体谅和

> 支持，并且依靠自己的影响力让员工体谅和支持大野耐一，调和员工和大野耐一之间的矛盾。丰田英二既重用了大野耐一这样的创造性人才，也化解了大野耐一由于暴躁脾气所引发的各种矛盾，使得大野耐一的想法得以顺利实施。二者互补的领导角色与风格使得丰田既做到了不断创新和改革，又在快速创新之中保持了稳定和平衡。可以说，大野耐一与丰田英二的完美组合，是丰田20世纪60年代腾飞的有力保障。（资料来源：张正平：《案例：互补的丰田领导》，三茅网 2018 年 8 月 10 日）

一般而言，作为人才个体，只能有一种或几种专长，很难达到全才全能。而其不足之处，就需要通过人才群体来补充，从而组成一个科学的人才结构，从而更好地发挥整体效应。比如，一个团队，既有经验丰富的年长人才的运筹帷幄，又有年富力强的中青年人才的奋战拼搏；既有专业的人才从事技术研发，又有专门人才进行成果推广普及，同时又有得力的后勤管理人才的后勤保障。无论是一个企业，还是一个单位、一个组织，有了丰田这样科学的人才组合，就能确保总体目标的顺利实现。

新时代领导者如何向"宰相之杰"张居正学用人

张居正，字叔大，号太岳，是明朝政绩突出的内阁首辅（宰相），被誉为明代最杰出的改革家和政治家。他以其非凡的魄力和智慧，整饬朝纲，巩固国防，推行一条鞭法，使奄奄一息的大明朝重新获得了勃勃生机，被后世誉为"宰相之杰"，堪称现代领导者的典范。

毛泽东说过，领导者的责任归结起来是两件事："出主意"和"用干部"。从领导者的角度看，毫无疑问，张居正将"出主意"与"用干部"这两项"领导者的责任"都做到了极致。如果说，"出主意"更多的是体现张居正作为有着雄韬伟略的政治家、改革家的杰出才能的话，那么，在"用干部"的具体实践上，则更能体现其作为一名杰出的领导者所具备的领导艺术，而这一点也是最值得当今领导者和企业家所借鉴的。

重用循吏，慎用清流

纵观张居正的用人方略，"重用循吏、慎用清流"是其核心。所谓"循吏"，就是一根筋把事情做好、靠结果说话的官员；而"清流"，则是那种说得多、做得少、满脑子道德教化的人。在"循吏"与"清流"

两者之间，张居正态度鲜明，用人明显倾向于前者。关于这一点，在对海瑞和戚继光的运用上，就是一个很好的例子。

案例 众所周知，海瑞是一个清官，堪称中国古代清官的形象代言人。

嘉靖皇帝驾崩后，徐阶将海瑞从监狱放出。鉴于海瑞的名声，徐阶决定予以重用。安排海瑞到江南，任应天府的巡抚，管南京周围几个最富的州府。

海瑞是一个有操守之人，八抬大轿不坐，而是骑驴上班。其部下官吏甚是不满，因为他是巡抚，"一把手"骑驴子，其他人也不敢坐轿。因此，部下官吏怨声载道，纷纷想尽各种办法调离此地。

海瑞也是一个很理想化的人，穷人和富人打官司，不管是否有理，几乎都是富人输；兄和弟打官司，大多情况是弟弟输；有势者与无势者打官司，大多是有势者输。如此一来，富人都怕他，大户人家也都跑了，州府就没了税源。

海瑞在此地当政两年间，当地赋税减了 2/3。海瑞很是恼怒："满天下都是妇人"，愤而辞职。当时的首辅高拱也没挽留他，海瑞便回到海南琼山老家赋闲。

张居正任首辅后，让三品以上的大臣向朝廷推荐人才，其中有不少推荐海瑞的。吏部尚书杨博就此事还专门找到张居正，希望他起用海瑞。但张居正没用他。因为他认为海瑞是一个好人，有道德、能自律，但好人不一定是好官。好官的标准是上让朝廷放心、下让苍生有福。而海瑞做官，可谓有原则没器量，有操守缺灵活，因此有政德而无政绩，是一个典型的"清流"。除此之外，张居正不用他，还有一层原因：海瑞清名很高，如果起用，就得给其比过去更高的职位，这才叫重用；否则，就证明张居正不尊重人才。但是，如果给其更高职位，他若依然坚持"清流"本色，岂不又要贻误一方？最终，张居正决定不用海瑞。且在张居正执政10年间，从未起用海瑞。

那么对于戚继光的任用又如何呢？

张居正起用戚继光时，戚继光仅是总兵。总兵之上是总督，总督既是地方行政长官，又领导总兵。按当时习惯做法，只要总督和总兵产生矛盾，朝廷一定是撤换总兵，而不会换总督。但是，张居正却并非如此。当总兵戚继光与总督产生矛盾时，他撤换的都是总督。且每个总督上任，张居正都会找其谈话，要求支持戚继光的工作。戚继光担任蓟辽总兵13年，蓟辽没发生一次战争，蒙古人也无一次进犯。这是戚继光的功劳，确切地说，也是张居正知人善任的功劳。

张居正是一个务实的人，不管别人怎么攻击戚继光，张居正始终对他信任有加，长久对他委以重任；但是，不管别人怎么向张居正推荐海瑞，他坚决不用。戚继光与海瑞，都是晚明时期名倾朝野的人物，张居正对他们的态度却截然不同，这就是其"重用循吏，慎用清流"的具体表现。

正是因为张居正始终坚持这一用人原则，万历前10年的朝廷大臣，凡是张居正亲自选拔的，大部分都是青史留名的人才。这一点，时至今日仍然值得广大领导者和企业家思考。比如，选人用人时，除了综合考虑其资历、水平、名声等综合因素外，更要考察其是否具有勇于任事、敢于担当的"循吏"精神。正如邓小平所说，"不管白猫黑猫，逮住老鼠就是好猫"。对于一名现代领导者和企业家来说，只有像张居正那样，敢于选拔那些思想敏锐、不安于现状、大胆改革创新，善于开拓进取、精明能干的人才，才能最终成就现代化的伟大事业。

唯贤是用

官位乃朝廷公器，朋党政治的特点，就是将公器滥赏私人。张居正也任用私人，但讲感情不讲能力的事，他绝不去做。譬如，虽然他用他的亲家王之诰担任刑部尚书，但这一任用并没有招致非议。因为王之诰政声卓卓，是个很有建树的官员。所以说，如果张居正用了某个同年、同乡或者朋友，那么此人一定是贤才，而不是庸才。反之，如果是庸才，即便是其同年、同乡或者朋友，他也是坚决不用。

案例 张居正官至首辅后，他的同年、同乡纷纷前来攀缘。其中有一同年叫汪伯昆，和另一位同年王士祯，并称诗坛两大领袖。汪伯昆在湖北任巡抚，张居正任首辅后，写信给张居正，希望到京工作。张居正觉得他有能力，资格也老，就同意了，调其进京任兵部左侍郎。

汪伯昆从巡抚到了兵部左侍郎的位置，从正三品提到从二品。汪伯昆履任之后，张居正派他巡视西北的军事设施，即北京、蓟辽、陕西、山西这一带。可是，他每到一地，首先不是巡视军事设施，而是和当地文人一起吟诗作赋。张居正闻此消息后心有不满。汪伯昆回京后，给皇上写了一份奏章，汇报他视察边境军事的情况。奏章字斟句酌，是一篇非常优美的散文。张居正看了以后，批了八个字："芝兰当道，不得不除"。即兰花芝草，都是最好的花草，但它长得不是地方。既长错地方，就得除掉。换言之，汪伯昆是优秀的诗人,但兵部是搞军事的地方,不是吟诗的地方。于是,汪伯昆的官职就此被罢免。(资料来源:熊召政:《张居正的为官之道》,《美文》2007年第19期)

其实,早在张居正任首辅之初,就曾公开表示,"不以己之好恶决定用人取舍,而是依据才能推荐部院人选","为国家爱养人才,不敢以私意用舍"。他的这一"唯贤是用"的理念,对于今天的广大领导者和企业家而言,仍然具有现实指导意义。所谓"德才兼备、唯贤是举",就是指领导者和企业家在选人用人时,应如张居正一般,选贤任能,不徇私情,不搞小圈子,真正把那些政治上靠得住、工作上有本事、作风上过得硬、人民群众信得过的人才和干部选用到相应岗位,这样才能为实现科学发展提供更加可靠的组织保证。

用人必考,授任以当

用其才,考其素,用人必考,授任以当,是张居正的一贯举张。为了调动各级官员的积极性,张居正大刀阔斧改革吏治,设立考成法,对官员进行定期考核。

所谓考成法,就是把应办的事情量化,规定完成时限,建立工作台账,一式三份留存。再由六部和都察院按照台账,对所属干部逐项对照检查,完成一件,注销一件,否则就以渎职论处。

张居正在考察中,裁撤了大批的冗员,大举奖励廉能。万历九年,一次就裁革冗官169名。张居正当政期间,裁革的冗官几乎占官吏总数的3/10。与此同时,张居正还广纳人才,将拥护改革、政绩卓著的官员,予以提拔,委以重任,信而用之。"如此,月有考,岁有稽,不唯使声必中实,事可责成,……即建言立法者亦将虑其终之罔效,而不敢慎其始矣。"改变了以往"上之督之者虽谆谆,而下之听之者恒藐藐"的拖拉现象,形成了"百官惕息""一切不敢饰非"的良好局面。

案例 万历四年十月,神宗皇帝在审阅了关于山东昌邑知县孙凤鸣贪赃枉法的报告后,问张居正:孙凤鸣进士出身,为何如此放肆?张居正说:孙凤鸣正是倚仗进士出身的资历,才敢放肆;以后用人,当视其才,不必问其资历。神宗表示赞同。张居正便以圣旨为令箭,打破论资排辈的传统偏见,"论其才,考其素",即对才能和品德进行全面考察,不拘出身和资历,大胆起用人才。同时,又"用人必考,授任以当",即用其所长,避其所短。以此方式被选中的文武官员都在改革中发挥了骨干作用。

从万历元年到十年,张居正政绩斐然。他重用名将李成梁、戚继光、王崇古,使得北方异族每每入侵都大败而归,只能安分守己,与明朝进行和平贸易。南方少数民族的武装暴动,也都一一平定。国家富强,国库储备之粮可用 10 年,库存盈余超出全国一年支出。交通驿站办得井井有条。清丈全国田亩面积,使得税收公平。经过张居正十年的苦心经营,明朝成为全世界最先进、最富强的大国。(资料来源:熊召政:《张居正的为官之道》,《美文》2007 年第 19 期)

近年来,"落实力""执行力"日渐成为不少领导者和企业家口中的热词。其实,当年张居正的"考成法",就不失为抓执行、抓落实的一套高招。现在的确有一些干部,谈目标时口若悬河,表态时信誓旦旦,但一年、一任下来,究竟干了几件实事、承诺有没有兑现、企业有没有效益、老百姓认不认可,却漠不关心。要改变这种现象,就需要掌握

"用人大权"的广大领导者和企业家,能认真学学张居正的"用人必考,授任以当",大胆裁革冗官,奖励廉能。从领导科学的角度看,这不仅是衡量领导者和企业家水平高低的重要标志,同时也是关系到事业兴衰成败的关键。

张居正有句名言:"世不患无才,患无用之之道。"不管是领导者还是企业家,只有具备识才的慧眼、用才的气魄、爱才的感情、聚才的方法,知人善任,广纳群贤,才能像张居正一样,开创人才辈出的良好局面。

艺术篇

有多少个领导者就有多少种领导艺术

领导艺术是领导者个人素质的综合反映。黑格尔说过，"世界上没有完全相同的两片叶子"，同样也没有完全相同的两个人，没有完全相同的领导者和领导艺术。有多少个领导者就有多少种领导艺术。

幽默也是领导力

幽默一词是英文 humor 的译音,有滑稽有趣带讽刺意味和缓解不良境遇之意,是语言表达的高级形式。

美国学者特鲁说过:"幽默是一种能力,一种了解并表达幽默的能力;幽默力量是一种艺术,一种运用幽默和幽默感来增进你与他人的关系,并改善你对自己作真诚评价的一种艺术"。

对于领导者而言,幽默也是一种领导力,恰如其分地运用,不仅能表现自己的良好风度,还能有效地激励群众,使之在欢快的氛围中完成工作任务,实现工作目标。那么,在领导活动中,领导者该如何运用幽默的力量呢?

展现魅力 增强亲和力

幽默是语言艺术的精髓,是人类智慧的产物,也是领导者应该具备的一种优美、健康的品质。西方的政界领袖和社会名流一向都很重视自己是否具备幽默的才能。他们认为幽默是一个人智慧、才华、学识和教养的象征,也是自我表现、取悦于民的极好手法。幽默的领导者比古板严肃的领导者更易于与群众打成一片,有经验的领导者都知道,要想使身边的群众能够和自己齐心合作,就有必要通过幽默展现领导魅力,增强亲和力。

案例 1949年10月下旬，兼任华东军政大学校长的陈毅抵达南京，出席军政大学的开学典礼，并准备在会上讲话。当时该校规定，要求男学员一律剃光头。不少男学员怕影响形象，说什么也不肯剃。

开会前一天，陈毅用手一摸自己的头，摸到满头浓发，立即想到男学员不肯剃光头的事，决意马上剃个光头。第二天，陈毅准时出席了开学典礼。他一登上主席台，会场上立即响起了热烈的掌声。会上，陈毅作重要讲话，突然他放慢了语速，语重心长地讲："革命事业是千里之行始于足下，一切都是一点一滴从'头'学起，从'头'做起。"说到这里，陈毅突然摘下了头上的军帽，露出了亮亮的光头，幽默地说："我跟同学们一样，从'头'做起！"顿时全场沸腾，欢呼声中伴随着雷鸣般的掌声，学员们望着陈毅的光头，激动不已。陈毅元帅把剃光头这件事情用行动和幽默的语言赋予了一个新的思想——"从头做起"，既达到了一种教育人、感召人的良好效果，又增强了亲和力，可谓经典。

激励下属　鼓舞士气

当前，许多领导者偏爱采用立军令状的方式给下属分派任务，但这种方式往往会给下属造成巨大的压力。而通过幽默手法，也许能更好地激励下属，鼓舞士气。据美国针对1160名管理者的调查显示：77%的人在员工会议上以讲笑话来打破僵局；52%的人认为幽默有助于其开展业务；50%的人认为企业应该考虑聘请一名"幽默顾问"来帮助员工放松；39%的人提倡在员工中"开怀大笑"。一些著名的跨国公司，上至总裁下到一般部门经理，已经开始将幽默融入日常的管理活动当中，并把它作为一种崭新的培训手段。由此可见，在领导活动中，幽默"激励下属、鼓舞士气"的作用是不可低估的。在这方面，毛泽东作为党和国家最高领导人，十分注意运用幽默的力量，激励下属、鼓舞士气。

案例 1947年3月，蒋介石派50多架敌机对延安狂轰滥炸了一整天。那天下午，一颗重磅炸弹在毛泽东的窑洞门前不远处爆炸，顿时地动山摇、硝烟弥漫。毛泽东的警卫由于担忧其安全，焦急万分，匆匆推门而入。只见毛泽东泰然自若，若无其事。他一边用笔在大地图上移动着，一边问道："客人走了吗？"警卫莫名其妙，说："哪有客人呀？谁？谁来了？"毛泽东微笑着说，"飞机呀，真是讨厌，喧宾夺主"。后来此事传开，大家纷纷被主席幽默风趣的语言所折服，打起仗来更加英勇。沙家店战役获胜后，大家都在为胜利而欢呼。而毛泽东却替胡宗南遗憾，用同情悲怜的语气说道："唉，有什么办法呢？我们哪样想，他就哪样办……"听到此话，同志们都开心大笑。大家尽情笑过之后，毛泽东又扳着手指开始数："青化泛、羊马河、蟠龙、沙家店……整个凑起来我们吃掉它六七个旅。胡宗南说他有四大金刚，我看他的'金缸'不如老百姓的腌菜缸。"同志们又是一阵哄堂大笑。"他们四口缸被我们搬来三口：何奇、刘子奇、李昆岗。只剩下一口缸。叫什么……"会场活跃起来，后面有人喊："叫李日基！"毛泽东吮吮下唇："对了，叫李二吉。这次没抓住他，算他一吉；下次也许还抓不住，再算一吉；第三次可就跑不了啦！"会场里又哄堂大笑起来。毛泽东就像一名幽默大师，既把欢笑送给了大家，又鼓舞了大家。

化解尴尬　融洽关系

古今中外，许多成功的领导者都把幽默作为一种无形的保护阀，使自己在面对尴尬的场面时，不仅能免受紧张、不安、恐惧、烦恼的侵害，还能借此营造出和谐的人际氛围。中外历史上的许多重要人物，都是这方面的典范，林肯便是其中之一。

> **案例**　有一次，林肯与一位朋友边走边交谈，当他们走至回廊时，一队早已等候多时、准备接受总统训话的士兵齐声欢呼起来，但那位朋友还没有意识到自己应该退开，这时，一位副官走上前来提醒他退后八步，这位朋友才发现自己的失礼，立即涨红了脸，但林肯立即微笑着说："白兰德先生，你要知道也许他们还分辨不清谁是总统呢！"就这么一句简简单单的话语，立刻打破了现场的尴尬气氛。还有一次，林肯在演讲时，有人递给他一张纸条，上面只写了两个字："笨蛋。"他举着这张纸条镇静地说："本总统收到过许多匿名信，全都是只有正文，不见署名，而刚才那位先生正好相反，他只署上了自己的名字，而忘了写内容。"

淡化矛盾　消除误会

现实生活中，有不少领导者善于运用幽默的语言行为来处理各种关系，化解矛盾，消除敌对情绪。不容否认，在有些时候，一句风趣的话，的确能使对方的敌意减少，消除误会，使双方的距离拉近。

案例 1949年2月21日,毛泽东在西柏坡接见起义的傅作义时说:"过去我们在战场上见面,清清楚楚,今天我们是姑舅亲戚,难舍难分。"一句话,使起义一个多月后积蓄在傅作义心中的疑惑冰消融化。

毛泽东还善于利用人物名字同历史典故或谐音联系起来,如同芦荻见面时,随口吟了一句"今逢四海为家日,古垒萧萧芦荻秋"的古诗;接见上海《新明晚报》总编赵超构时说:"宋高宗的哥哥来了"。他的风趣使被接见者倍感亲切。

案例 在陈毅外长曾主持过的一次有关国际形势的记者招待会上,他对美制U—2型高空侦察机侵扰我国领空的事件表示极大的愤慨,有个外国记者趁机问道:"外长先生,中国是用什么武器打下美制U—2型高空侦察机的?是导弹吗?"只见陈外长用手做了个用力往上捅的动作,说:"我们是用竹竿子捅下来的。"与会者无不捧腹大笑,那个记者也知趣地不再追问了。陈外长说的"用竹竿子捅下高空侦察机"显然是一句错话,却错得极妙!试想,除此之外还有什么更好的回答方式呢?如实相告,就会泄露国家机密,如按"无可奉告"的一般说法,会使会场气氛过于凝滞,而"用竹竿子捅下来的"这句错话,既维护了国家机密,又造成了幽默轻松的谈话气氛,避免了尴尬被动,真是一举两得、一箭双雕,让人拍手叫绝!

(资料来源:《幽默语言》,好例网 2010 年 10 月 18 日)

幽默是生命的慧悟,幽默是创新的火种,幽默是强大自我的艺术,幽默是抚慰灵魂的天使。作为领导者,如果你善于幽默、喜欢幽默,你就有了一种吸引人、凝聚人的力量。在一个和谐的社会里，这种力量对任何一名领导者而言，都是不可或缺的。

女性领导魅力从何而来

女性领导魅力是指女性领导者所具备的非凡的品质，在领导活动中表现为对追随者的吸引力、凝聚力和感召力，并因此而形成女性领导者和追随者之间的和谐关系。

随着社会的进步和时代的发展，大批优秀女性人才步入政坛，在不同领域发挥着日益重要的领导作用。不可否认，由于受几千年封建思想影响，尤其是男权文化的积淀，社会上部分人对女性领导持有偏见，所谓"决策上优柔寡断、管理上不够理性、形象上不够女人味"成为女性领导的评价公式。因此，随着女性参政议政比例的上升，打造女性领导者的个性化魅力，充分展示优美的现代女性领导风采尤为迫切。那么，现代女性领导魅力从何而来呢？

决策果断，办事利落，干练的魅力

管理学者指出，作为一个领导者应该首先是一个干练者。而作为女性领导者要做到这一点，就需要有广博的知识、丰富的经验、正确的抉择、果敢的实践；需要善于从纷繁杂乱的事物表象中，发现本质，把握规律，找准关键部位和薄弱环节，找准能撬动全局的最佳支点。这样才能做到"决策果断，办事利落"，才能形成干练的领导魅力。

已退休的中央政治局委员、国务院副总理吴仪，虽然外形美丽优雅，办事却雷厉风行、果决干练，无论是在企业管理部门还是在政治舞台上都十分令人钦佩。在美国《福布斯》评选"世界前100名女强人"中，她排名第二，被人们誉为"中国铁娘子"。

案例 1991年年底，出任对外经济贸易部副部长不到4个月的吴仪，即面对中美之间因知识产权而可能爆发的一场贸易大战。她临时上阵，参与中美知识产权谈判。美国代表一开头就说："我们是在和小偷谈判。"吴仪立即针锋相对："我们是在和强盗谈判，请看看你们博物馆的展品里，有多少是从中国抢来的。"美国代表立即对这位女子刮目相看。美国前商务部长埃文思评价她说："她总是面带微笑，可这微笑中能让人感到她的坚强神经和工程师般的思维"。

吴仪因多次参与、领导中国加入世界贸易组织谈判及中美知识产权谈判而在国内外声名鹊起，在谈判桌上，她给外界留下了刚柔相济、明快干练的形象，外媒称她为中国的"铁娘子"。

2003年春，SARS病魔不停地吞噬生命，恐慌的传播速度甚至快过病毒本身。医疗机构、政府处于失信状态。身为副总理的吴仪临危受命，出任SARS防治指挥部总指挥。吴仪对医疗卫生领域并不熟悉，但受到温家宝总理的委任，也勇于承担。在危急时刻，她大刀阔斧地整合北京乃至全国的医疗资源，迅速组建了小汤山传染病医院，一场抗击非典的"雷霆行动"迅即展开，最终战胜疫情。当时流传着这样一句民谣："有了吴仪，定能无疫！"

从抗击SARS，到中美贸易摩擦谈判，再到艾滋病防治、食品安全管理，吴仪总是以她的干练和雷厉风行的作风出现在民生大事的最前沿，她的果敢和应变能力也得到了公众的赞誉。

博览群书，勤思善断，智慧的魅力

一个有魅力的领导者，往往是知识渊博、思维敏捷、目光远大的人。由于历史和社会的原因，女性在政坛上的跋涉要比男性艰辛沉重得多。女性要纵横驰骋于政治舞台，势必要比男性付出更多的心智和精力。所以，女性要成为成功的领导者，首先和最根本的是要成为有智慧魅力的人，只有在智慧光芒的引领下，女性才能在政坛上勇往直前，无往不胜。这就需要"博览群书，勤思善断"，涉猎广泛，视野开阔，这样必定能更好地吸引和影响周围的人。

案例 2010年1月4日，新华社发布了国务院任免一批国家工作人员的消息。在长名单中，蒙古族女性傅莹格外令人瞩目——外交部副部长，这是共和国历史上第一位少数民族女副外长。这位曾被外媒评价为"善于发挥智慧和魅力攻势的大使"，在成为外交部副部长之后更加吸引公众的眼球，可以说，她是少有的以智慧和魅力作为武器的大使，她对柔性外交的运用值得称道，人格魅力令人折服。

2008年3月，拉萨发生打砸抢杀烧暴力事件，以及随后一些暴乱分子冲击中国驻英使馆、干扰北京奥运火炬在伦敦传递，英国某些媒体"一边倒"地歪曲报道中国。作为驻英大使，傅莹在英国政界、商界、学界、新闻界东奔西走，接受英主流媒体采访并发表文章，不断向英国公众介绍真实的中国问题背后的真相。她的文章《如果西方能够倾听中国》，发表于英国《星期日电讯报》，该文以细腻和感性的笔触描述了她对奥运圣火在伦敦、巴黎的传递遭到干扰的心境，进而以数字和事实详尽地介绍了西藏社会和经济发展的现状，打动了不少原本对中国缺乏了解的西方读者。

另外，当发现英国媒体误报中国驻英使馆投诉英"追星族"扰民一事后，傅莹及时在英发行量最大的通俗报纸《太阳报》上发表文章，介绍中国"超女""快男"现象，说明中国的进步和富裕给了年轻人更多的生活选择。这次成功的危机公关立即扭转了不利的舆论氛围，引发当地媒体高度关注和积极评价。

2008年，金融危机席卷全球。2009年4月二十国集团（G20）伦敦峰会召开前夕，指望中国出资救市的声音不绝于耳。面对如此舆论压力，傅莹于G20峰会前夕的2009年3月29日接受了英国广播公司的采访，用流利的英文坚定地表示："当人们给中国戴上'富裕''有钱'等等帽子时，中国民众会感到这是在吹捧中国，甚至是在忽悠中国。"语毕，主持人哈哈大笑，不禁为她的智慧和幽默感叹。

不管是伦敦奥运火炬传递事件，还是西藏问题、新疆问题，在每一次与中国有关的误解发生之时，傅莹都会积极出现在当地报纸和电视中，或发表文章，或接受直播采访，以其智慧和魅力促进外国民众对中国的了解。傅莹深谙与西方主流社会沟通之道，她在促进中英关系和经贸交往方面所作的努力也令商界人士印象深刻。

2009年，英国《外交官》杂志授予傅莹"年度亚洲外交官奖"，称赞她"以难得的坦率和富有人情味的方式，充分显示了中国希望通过合作寻求和平发展，在应对国际社会面临的共同挑战方面发挥更大作用，最终建立一个和谐世界的愿望"。离任驻英大使之时，英国《金融时报》称她为"善于发挥智慧和魅力攻势的大

使"。(资料来源：吴志菲：《傅莹的女外交官之旅》，文新传媒网 2010 年 11 月 15 日)

控制情绪，乐观稳健，成熟的魅力

情绪不仅影响人做出正确判断的能力，也决定了意志信息的正确传递。女性天生具有感性、情感丰富的特点，因此，女性领导者要想比别人更突出、更优秀，必须将其特点有机地融入到领导艺术中，做一个善于控制情绪、乐观稳健、成熟的领导者。在这方面，青海省原省长宋秀岩就是很好的典范。

案例 1983 年 1 月，28 岁的宋秀岩被调到共青团青海省委任副书记并主持工作，从副科级一次提到副厅级。虽然拥有过前所未有的机遇幸运，但她的仕途也遇过波折。

1989 年初共青团青海省第八次代表大会，在差额选举常委时，已是团省委书记的宋秀岩意外落选了。几个月后，宋被任命为海东地委副书记。在职业生涯最灰暗的时刻，宋秀岩表现出好心态。据她在海东时的秘书吴庆生说，她并没有表现出悲观情绪。"她当时说自己这么年轻就能做副书记，已经相当不错了，这要在基层就了不得了，所以她没有什么可抱怨的。"宋秀岩在海东的表现也证明了这一点。在海东三年零四个月，原来的 8 个县 145 个乡，90% 宋秀岩都走过了。宋秀岩离开海东的时候，据说地委办公室很多女同志都痛哭流涕，当时的老书记对她说："你是女中豪杰。"在海东的基层工作经历对宋秀岩影响很大，此后她的仕途一帆风顺，直至省长。

试想，如果宋秀岩在那次意外落选之后，不是以乐观积极的心态去面对，而是被悲观消极的情绪所左右，那么那段基层工作经历怎可能成为她的"财富"呢？没有那笔"财富"，或许宋秀岩不会成为今天的"明星官员"了。（资料来源：周丽萍：《女性从政的世纪变迁》，《廉政瞭望》2008年第3期）

如何提升语言魅力

领导者的语言魅力是指领导者在领导活动中,通过动作或声音、语言对对方的思想、情感、行为形成一定的指令和影响。领导者犹如战场上的将军,既是激励下属的核心人物,也是决定事业胜败的关键因素。正是由于其特殊的身份和职务,决定了领导者必须具备较高的综合素质。而在这些综合素质中,语言魅力是重要内容。

美国人类行为科学研究者汤姆士认为:"说话的能力是成名的捷径。它能使人显赫,鹤立鸡群。能言善辩的人,往往使人尊敬,受人爱戴,得人拥护。它使一个人的才学充分拓展,熠熠生辉,事半功倍,业绩卓著。"他甚至断言:"发生在成功人物身上的奇迹,一半是由口才创造的。"

纵观古今中外的政治家、军事家、外交家、社会活动家,无一例外都是思维敏捷、口齿伶俐、善于表达的语言大师。可以说,语言魅力作为一种兼具硬实力和软实力的巧实力,卓越超群的口才是一个领导者不可或缺的重要资本,也是领导魅力的重要组成部分,更是领导者成功人生的催化剂和加速器。

那么,领导者如何提升语言魅力,进而塑造与提升领导力?

不断学习,积累素材

毛泽东在《反对党八股》中写道:"如果一篇文章,一个演说,颠来倒去，总是那么几个名词，一套学生腔，没有一点生动活泼的语言，这岂不是语言无味，面目可憎，像个瘪三吗？"的确，空洞枯燥的语言，很难使人们提起兴趣去听，而且贫乏的语言也很难使听者接受足够的信息。因此，领导者不但要使自己的语言避免"学生腔"，而且还要力求使其变得"生动活泼"。而要做到这一点，一个重要前提就是要在脑子里建立一个内容丰富的语库，这就需要领导者不断学习，积累素材。

不断学习、积累素材，不仅指领导者需要学习掌握基本词汇和一般词汇的使用，还需要储备多种知识并灵活运用，比如古诗词、专业名词、新生词汇以及一些贴切的成语、典故、名人名言、小故事等。这样既可以庄重严肃，也可以讽刺幽默；既能透出时代气息，又能增进言谈的融洽气氛，使语言表达妙趣横生、引人入胜。

以温厚、友善、睿智和博学的形象征服了中国与世界的习近平总书记，堪称这方面的典范。在习近平总书记的系列重要讲话及其著作的文章中，随处可见习近平总书记引经据典、旁征博引，语言生动传神、寓意深邃，极具启迪意义。他把诗词、典故、格言、谚语，等等，巧妙运用于所要表达的意思当中，使讲话妙语连珠、出新见奇。因其风格鲜明、内涵深刻，被国外媒体赞誉为"习式风格"。

案例 纵观习近平总书记的语言风格，总体特点就是言简意赅、清新淡远、韵谐音美、妙趣天成、意境深邃，充满着诗情画意。他犹爱引用古体诗词，且运用得恰到好处，往往起到画龙点睛、升华主题、卒章显志的作用。聆听他的讲话，无疑是一种精神享受。特别是总书记引用的以下古诗词，意蕴绵长，最为动人。

其一："踏遍青山人未老，风景这边独好"。2013年1月1日，在全国政协新年茶话会上讲话时，习近平引用毛泽东诗词，直抒胸臆："这里，我想起毛泽东同志当年写下的词句：'东方欲晓，莫道君行早。踏遍青山人未老，风景这边独好。'辉煌成就已载入民族史册，美好未来正召唤着我们去开拓创造。让我们更加紧密地团结起来，朝着全面建成小康社会、加快实现社会主义现代化的宏伟目标奋勇前进。"

其二："浩渺行无极，扬帆但信风"。2013年10月8日，习近平在亚太经合组织工商领导人峰会上的演讲时说，"'浩渺行无极，扬帆但信风。'亚太是我们共同发展的空间，我们都是亚太这片大海中前行的风帆。亚太未来发展攸关亚太经合组织每个成员的利益"。他引用唐代诗人马戴的诗句，抒发了中国同亚太和世界和平相处、共创未来的情怀。

其三："宝剑锋从磨砺出，梅花香自苦寒来"。2014年4月27日下午，习近平在喀什看望了武警新疆总队某部特勤中队官兵。在参观荣誉室后，习近平说，"宝剑锋从磨砺出，梅花香自苦寒来。越是复杂严峻的环境，越能磨砺意志本领，希望大家牢记职责、再接再厉，为祖国和人民再立新功。"（资料来源：《品味习近平总书记"诗情画意"的语言艺术》，人民网2014年5月19日）

毋庸置疑，习近平总书记语言魅力的形成，主要得益于他的良好读书习惯。"一物不知，深以为耻，便求知若渴"，这是习近平总书记青年时期就立下的志向。正是在熟读中外传统文化的经典中，习近平总书记开阔了视野，丰富了知识储备和语言积累。

开口之前，先行思索

常言道："言为心声"，领导者说什么、怎么说，"口风"如何，直接反映其政治素养、道德水平和精神境界。不仅如此，领导者所处地位的特殊性，又决定了其语言具有权威性。一般而言，领导者的语言不管是否经过深思熟虑，都可能对下属和社会产生大的影响。有时一句不经意的话，往往会带来不小的麻烦，造成无法预料的后果。正所谓："一言以兴邦、一言以丧邦"。

因此，作为领导者出言要有一定的限度、分寸，不能随心所欲去表达个人的思想观点，更不能信口开河地说一些"野话""怪话""反动话"。无论是面对下属、群众，还是媒体记者，开口之前，先行思索，这是领导者保持良好"口风"的一个基本要求和重要前提。

我国政坛上的许多领导人对此都很重视，也为我们做出了榜样。

案例 朱镕基任国务院总理时，在一次记者招待会上，有一位记者问："请问总理先生，无论下一届总理是谁，你认为他哪些方面应该向你学习，哪些方面不应该向你学习？"朱镕基答："关于我本人，除了埋头苦干外，我没有什么优点。我不希望别人学习我。"接着，他话锋一转，说："前不久，香港某家报纸说我的本事就是拍桌子、捶板凳、瞪眼睛，那就更不要学习我了，（笑声）但是，这家报纸说得不对！桌子是拍过，眼睛也瞪过。不瞪眼睛不就成植物人了吗？（掌声）板凳是绝对没捶过，那捶起来是很疼的。至于说我这样做是为了吓唬老百姓，我想很少有人会相信这种说法。我从来不吓唬老百姓，只吓唬那些贪官污吏！"

这位记者的提问十分刁钻，企图让朱镕基对自己的政绩及优缺点作一番评价。朱镕基的回答非常巧妙而智慧：他不被记者牵着走，除用"埋头苦干"四个字肯定自己之外，避而不讲自己的政绩，非常谦虚和明智；话锋一转，转移话题，谈起香港一家报纸对他的"评论"来，他用幽默的话语，否定了"捶板凳"，坦言他确实曾经"拍桌子"，但郑重宣告：这不是吓唬老百姓，而是"吓唬贪官污吏"！真诚坦荡，爱憎分明，善待媒体，智止流言。这段话赢得在场记者的多次掌声和笑声，这掌声和笑声正是对朱镕基的凛然正气、对他高超的说话技巧的赞赏。（资料来源：《名人妙语应对诘难》，中国国家公务员网 2008 年 7 月 22 日）

不同场合，不同言辞

俗话说，射箭要看靶子，弹琴要看听众。领导者的言辞应切合特定的社会文化背景和自然环境，切合特定的时间、地点和语言环境等语境要素，即不同场合、不同言辞。

如果领导者一味地"阳春白雪""高山流水"，或者官腔官调、套话连篇，犹如张天翼笔下的华威先生，仅靠三五句官话，就出入于各种会议讲台，往来于各种场合，那么不仅言者无心，听者也觉得无益。早在 2005 年 5 月，时任浙江省委书记的习近平，在浙江省委召开的一次专题学习会上就讲道："一些领导干部，与新社会群体说话，说不上去；与困难群众说话，说不下去；与青年学生说话，说不进去；与老同志说话，给顶了回去"。"很多场合，有些领导干部就是处于这样一种失语的状态，怎么能使群众信服呢？"习近平在《之江新语》一书中再次强调："有少数干部不会同群众说话，在群众面前处于失语状态。其实，语言的背后是感情、是思想、是知识、是素质。不会说话是表象，本质还是严重疏离群众，或是目中无人，对群众缺乏感情；或是身无才干，做工作缺乏底蕴；或是手脚不净、形象不好，在人前缺乏正气。"对于新时代领导者而言，是否善于在不同场合用不同言辞，是否善于运用广大群众看得懂、听得懂并喜闻乐见的"群众语言"，是一项不可或缺的基本功。正如毛泽东所指出的："我们是革命党，是为群众办事的，如果也不学群众的语言，那就办不好。"众所周知，在语言运用上，毛泽东不仅是高超的理论家，更是卓越的实践者。其中，善于学习并运用"群众语言"便是伟人毛泽东语言艺术的鲜明特点之一。毛泽东正是运用那些被称为"大白话"的朴实、风趣、通俗的"群众语言"，传播了革命思想，凝聚了革命力量，激励了革命斗志，对中国革命产生了广泛深远的影响。

案例 1928年，毛泽东率领红军攻占遂川后，为宣传党的主张，逐字逐句修改陈正人起草的《施政大纲》，把"废除聘金聘礼，反对买卖婚姻"改成"讨老婆不要钱"，把"废除债务"改成"借了土豪的钱不要还"。正是这种"接地气"、带"烟火气"的大白话，使革命主张的宣传工作事半功倍。1930年5月，毛泽东在《反对本本主义》中指出："调查就像'十月怀胎'，解决问题就像'一朝分娩'。调查就是解决问题。"形象地说明了调查研究是发现问题、解决问题、破解矛盾的必由之路。

除此以外，在《反对党八股》中，毛泽东列举了"空话连篇，言之无物""装腔作势，借以吓人""无的放矢，不看对象""语言无味，像个瘪三""甲乙丙丁，开中药铺"等党八股的"八大罪状"，并在引言中说道："如果我们连党八股也打倒了，那就算对于主观主义和宗派主义最后地'将一军',弄得这两个怪物原形毕露,'老鼠过街,人人喊打',这两个怪物也就容易消灭了。"既以小见大、形象生动,又一针见血、诙谐幽默。(资料来源:王厚明:《伟人毛泽东的语言艺术:从群众语言中汲取养分》,《解放军报》2020年12月26日)

古人云:为民立言,唯真为美。作为领导者要做到不同场合、不同言辞,并非一日之功。领导者当持之以恒,自觉转变"官念",多沉下身子深入群众,与群众拉家常,了解真实情况,适应群众的认知水平和语言习惯,少讲或不讲"官话",多讲百姓爱听、听得懂的"群众语言",在理论通俗化、语言群众化、形式多样化、载体时代化上下功夫,共同营造一个"好听、好记、好用"的话语环境。

言达要点,繁简有节

"文到高处,言少而意多"。言达要点、繁简有节,就是指领导者的语言要精简实用、言简意赅、言简意丰。

文学大师林语堂说:"绅士的演说应该像女人穿的迷你裙,越短越好。"英国人波普说:"话犹如树叶,在树叶太茂盛的地方,很难见到智慧的果实。"列宁主张讲话要挤掉水分,"愈简短愈好,愈有力愈好",他说,报告写长了他根本不看,一定不看。林肯的葛底斯堡讲话,只有十句话,271个字,仅用两分钟,却成为林肯一生不朽的纪念,成为美国历史上被誉为最优美的一篇不朽的演说词。毛泽东更是堪称短文大家,他在解放战争时期为新华社撰写了许多新闻都是短文,其中《我三十万大军胜利南渡长江》一文只有300字,被新闻学列为经典之作。可见,古今中外,"言达要点、繁简有节"都堪称"说"的最高境界。正所谓"大道至简,大义微言"。

> **案例** 邓小平喜欢开短会,讲短话。在1992年南方谈话时,他指出:"现在有一个问题,就是形式主义多。电视一打开,尽是会议。会议多,文章太长,讲话也太长,而且内容重复,新的语言并不很多。重复的话要讲,但要精简。要腾出时间来多办实事,多做少说。"他的"实践是检验真理的唯一标准""发展才是硬道理""一国两制""贫穷不是社会主义""中国不改革开放,只能是死路一条""不管黑猫白猫,捉住老鼠就是好猫""摸着石头过河""两手抓,两手都要硬"等话语,都非常简练,铿锵有力,而且像浓缩的铀一样,隐含着深刻的道理。这些讲话,不仅成了邓小平理论的重要组成部分,而且极大地推动了中国特色社会主义事业的发展。

有人曾问美国第28任总统伍德罗·威尔逊:"准备一份10分钟的演讲稿,得花多少时间?"他回答:"两个礼拜。""那准备一小时的演讲稿呢?""一个礼拜。""如果准备两小时的讲稿呢?""不用准备,马上就可以讲。"可见,简短不仅仅是形式上的"短",而且是内容上的高度凝练,是话少而内涵丰富,既要繁简有节,又要言达要点。因此,领导者必须在认真思考、锤炼语言上下功夫,而不是四平八稳、面面俱到、滴水不漏,更不能出现"常说的老话多、正确的废话多、漂亮的空话多、严谨的套话多、违心的假话多","时间越讲越长,新意越讲越少,套话越讲越多,群众越听越跑"的现象。

走好新时代"网上群众路线"

党的群众路线,就是一切为了群众,一切依靠群众,从群众中来,到群众中去。新时代"网上群众路线",就是领导者通过互联网做宣传、做决策,了解民情、汇聚民智,从而实现科学决策、民主决策,以达到取之于民,用之于民,真正做到全心全意为人民服务的方式。

网络时代的来临,网络在民众的政治、经济和社会生活中日益重要,成为广大民众行使知情权、参与权、表达权和监督权的重要渠道。

2022年2月25日,中国互联网络信息中心(CNNIC)发布的第49次《中国互联网络发展状况统计报告》显示,中国网民已突破10亿,通过上网获取所需信息已经成为人们的首要选择。不可否认,"大众麦克风"的网络新时代已经来临,网络虚拟社会已深入到政治、经济、文化、社会等各领域,网络也日益成为聚合民意的"舆论场"、干群互动的"绿色通道"和为民服务的"好帮手"。越来越多的领导者开始"与网民在线交流""开设博客"、在电子政务平台开通"专栏",开设"微信公众号""短视频平台"、走进网络直播间等,以各种形式主动借助网络倾听民声、集中民智、共谋发展,为经济社会发展带来了新活力、注入了新动能。一股新时代"网上群众路线"新风在各地党政系统蔚然兴起,为中国的政治生态环境添加了一抹新绿。

习近平总书记强调指出:"网民来自老百姓,老百姓上了网,民意也就上了网。群众在哪儿,我们的领导干部就要到哪儿去,不然怎么联系群众呢？各级党政机关和领导干部要学会通过网络走群众路线，经常上网看看，潜潜水、聊聊天、发发声，了解群众所思所愿，收集好想法好建议，积极回应网民关切、解疑释惑。"这就对各级领导者提出了新的要求，要走进互联网，走好"网上群众路线"。那么，领导者在新时代"网上群众路线"中，如何才能在"了解群众所思所愿，收集好想法好建议，积极回应网民关切、解疑释惑"中，实现其效能最大化呢？笔者认为，除了要求我们的领导者尊重每一个网民的表达、参与、监督的权利，满怀诚心地面对网民，心怀责任感地去履行职责之外，与网民互动过程中，还应把握好语言的"三化"。

大众化

我国古代伟大的思想家老子说过"大道至简"，我国著名数学家陈省教授也说过："数学之美在于简单。"因此，领导者在与网民交流时，既要传达党的政策，又要在群众中收集民意，要尽可能使用"接地气"的大众化语言，包括一些大众化的网络热语。既要有高度，又要接地气，力求语言通俗、大众化，以便于大家学习、理解和接受。即便面对的是有一定层次的领导者、知识分子，如果用的都是一些生僻怪异、晦涩难懂的词语和术语，也会影响交流效果。"曲高和寡"，无论领导者的言论水准多高，但如果语言深奥难懂，就很难受到下属或群众的欢迎。只有生动、鲜活、群众熟悉的、喜闻乐见的大众化语言，才能增强其感染力，引起网民共鸣。

案例 2016年12月31日晚，"央视新闻"在新浪微博上发布"习近平新年贺词"视频，点赞数超过10万次，转发数超过4万条。网友们留言说,"迄今为止,听到的中国领导人最好的总结";"听到要照顾好牺牲的战士家属,好感动";"我拿起了笔和本记下了重点"。同一日,"人民日报"微信公众号以"大家撸起袖子加油干"为题,在第一时间发布了视频以及贺词全文,阅读量很快突破10万次。网友"燕子高"评论说:"既接地气,又鼓舞人心,2017年撸起袖子加油干。"在新年贺词的诸多"金句"中,"撸起袖子加油干"传播最广。在百度里搜索这句话,结果超过6万条。在微博上,这句话更是成为流行语。在微信平台上,一篇解读新年贺词的文章被广泛传播。文章分析说,(贺词)文风朴实、娓娓道来、深入人心、情真意切。

毋庸置疑,习近平总书记堪称语言"大众化"、实现网络有效沟通的典范。2015年元旦,习近平总书记在新年贺词中说,"我们的各级干部也是蛮拼的""我要为我们伟大的人民点赞",在2016年的新年贺词中,习近平总书记用了时下火热的网络词语——"朋友圈",2017年新年贺词又妙语连珠,"撸起袖子加油干""天上不会掉馅饼""小康路上一个都不能掉队"等"金句"令人印象深刻。很多网民对习近平总书记的新年贺词,发出"年年有'金句'"的感慨。而总结和比较新年贺词里的"金句",也成为不少网民和媒体"乐此不疲"的事情。习近平总书记的新年贺词内容通俗易懂,让人听了、看了倍感亲切、深受鼓舞。尤其是"蛮拼的""点赞""朋友圈"等网络上流传的富有时代气息的语言,更是拉近了与网民的心理距离。习近平总书记用这些"大众化"的语言遣词造句,不仅缩短了与人民群众和时代的距离,拨动了无数人民群众尤其是年轻人的心弦,对于树立良好的开放进取的国家形象也具有重要意义。这是信息时代领导者领导模式、领导艺术的又一创新。

人文化

人文是人类文化中的先进部分和核心部分,其集中体现是重视人、尊重人、关心人、爱护人。共情才能共赢,担当才出实干。走好"网上群众路线",虽然是连着网线、隔着屏幕、相距千万里,但是对待群众的态度不能远、感情不能淡、责任心不能变。对"网络"中的领导者而言,就是要重视、尊重、关心、爱护网民,替网民着想。"网上群众路线"是一个执政为民的全新课题,从根本上讲也是一个态度问题。领导者是站在网民的立场上,为网民着想,把党的路线、方针、政策传达给网民,如果"官气"凌人,热衷于讲官话、套话、空话,其效果将会截然不同。如何与网民互动交流,真诚听取意见?温家宝对此为广大领导者做出了示范。

案例 2009年2月28日下午3时,温家宝与网友在线交流并接受中国政府网、新华网联合专访。温家宝一开始就说:"我总记得母亲常跟我说的一句话,无论是对什么人,要诚实,要用心讲话。我想今天的在线交流应该是一次谈心,或者说用心谈话,应该诚实,就是把真实情况告诉大家,倾听群众真实的声音。"

2010年2月27日,温家宝第二次与网友在线交流时说:"看到人民需要解决的问题,我常仰而思之,夜以继日;幸而得之,坐以待旦。我还想当一个人为多数人所信任的时候,他已经不再属于自己,他已经是'公共财产',属于人民了。我要鞠躬尽瘁,死而后已,真正做到无愧于人民……"

2011年2月27日,全国"两会"召开前夕,温家宝第三次与网友在线交流。他说，我和大家一样，也有一个家，上有90多岁的父母，下有儿孙。我有时觉得遗憾的事情，就是我和家人团聚时间太少。不仅仅是这八年，包括此前在中央工作的一二十年当中，我几乎没有假期。但是，我还是希望全家人一起吃次饭，在吃饭时听孙子给我讲脑筋急转弯的题目。我经常比不过他。我也愿意在他们过生日的时候，看看他们唱唱歌跳跳舞。总之，我和大家一样，我是个恋家的人。

有网友这样评论：真心才能换来真心，真情才能换来真情。温家宝的三次与网民"炉边谈话"，之所以被网民称为"最幸福网事"，最重要的就在于，他字里行间体现出来的真感情。温家宝就是以这种"诚实用心"的姿态和温情、智性的话语与网民互动交流，博得了亿万网民的好评。毫无疑问，广大领导者只有像温家宝那样，平和朴实，充满人文情怀，与百姓用心沟通、真诚互动，才能听到"群众真实的声音"，真正做到"从群众中来"，从而确保"网上群众路线"更有实效。

形象化

所谓形象化，就是把一些抽象的、概念化的，或者较难理解的、枯燥无味的内容加以形象化处理，给人以比较直观的感受。毛泽东在《抗日战争胜利后的时局和我们的方针》中讲抗战胜利果实应该属于谁时，以种桃树、浇桃树、摘桃子作比喻，说明胜利果实是属于抗战军民的，既形象生动，又深刻有力。邓小平也在这方面为我们做出了榜样，如"发展是硬道理""黑猫白猫论"等思想表述，高度凝练又生动形象，群众不但听得懂，而且记得住，容易达到相互沟通的效果。无论线上还是线下，领导者面对的群众面都比较广，有老中青幼、各色人等，因此，要达到交流效果的理想化，走好"网上群众路线"，必然要求领导者的语言"形象化"。进入新时代，我们能强烈感受到，习近平总书记在语言"形象化"方面同样为我们树立了典范。

案例 2013年1月22日，习近平总书记在中国共产党第十八届中央纪律检查委员会第二次全体会议强调指出，"从严治党，惩治这一手决不能放松。要坚持'老虎''苍蝇'一起打，既坚决查处领导干部违纪违法案件，又切实解决发生在群众身边的不正之风和腐败问题。要坚持党纪国法面前没有例外，不管涉及到谁，都要一查到底，决不姑息"。他用"老虎"比喻职务高的贪官，用"苍蝇"比喻职务低的贪官，构思新颖，寓意深刻，形象生动。不仅便于老百姓理解中央全面从严治党的决心和勇气，又朗朗上口，易于传播。在习近平总书记的各类讲话中，一些质朴、简单、普通干部群众听得懂、记得住，富有浓郁生活气息的"形象化"语言俯拾皆是，令人耳目一新。比如，他用"块头大不等于强，体重大不等于壮，有时是虚胖"，比喻说明只有经济总量而没有先进科学技术支撑是不够的；用"益智补脑"，比喻学习；用"缺钙""软骨病"，比喻理想信念的缺失；用"玻璃门""弹簧门"，形容阻碍民间投资的体制障碍；用"墙头草""推拉门"，描述干部队伍中的好人主义；用"既要养血润燥、化瘀化血，又要固本培元、壮筋续骨"，讲改革要辨证施治；用"鞋子合不合适，自己穿了才合适"，讲一个国家发展道路的选择，等等。

"网上群众路线"作为一种新型"从群众中来到群众中去"的议政、

问政方式，不仅创新了民主形式，而且成为了中国特色政治文明的一道亮丽的风景线。而要走好"网上群众路线"，更重要的则是要依靠领导者广泛的"知民度"和温暖的民生情怀，那种"高大上"的"官话"，只能是官僚主义的表现。

后 记

领导的本质是一种影响力。作为领导者除了发挥权力性影响力的作用，还应注重塑造非权力性影响力，即领导力。随着我国改革开放的进一步深化以及经济社会的进一步发展，人们的自主意识不断加强，广大领导者正越来越关注领导力。

20多年来，本人一直致力于领导学及与之相关学科的研究和教学。在此期间，撰写了大量的领导学方面的文章。有的是在教学和研究过程中"有感而发"，有的是应报社、杂志社之约而写，其中不乏关于领导力的内容。它们相继发表在《学习时报》《中国人事报》《中国社会报》《领导科学报》及《管理科学》《领导科学》《资治文摘》《企业管理》《乡镇企业导报》《半月选读》《决策》《决策与信息》《公关世界》等报刊，有些篇目还被其他有影响力的报刊、网络等媒体转载，并且还有评论员针对某些文章专门撰写了评论文章，在中国新闻网、人民网、新华网、中国经济网、凤凰网、新浪网、搜狐网、网易以及各地方新闻网等网络媒体发表或转载。2011年，结集出版了专著《怎样塑造非凡的领导魅力》，受到读者欢迎和好评。

现在呈现在读者面前的这部《领导力的锻造与提升》，就是在前期研究积累的基础上，又做了进一步的研究总结、充实和完善，最大限度地保证了全书内容的"与时俱进"和"实事求是"。

为了方便阅读，并令读者获得较为系统的领导力知识，本人将全书从总体上划分为"理论篇""形象篇""方法篇""用人篇""艺术篇"五大板块。它们既相对独立，又互相关联，使读者阅读时更觉轻松。不管是语言的通俗性、案例的针对性，还是内容的时效性、视野的开阔性，都始终是本人编著此书时所努力的方向。尽管如此，因个人水准所限，本书依旧难免会或多或少地存在这样或那样的不足和纰漏，恳请业界同行专家和广大读者提出中肯的批评、建议和指正。除此之外，本书所用案例中有少部分是引用内容，由于种种原因无法与作者取得联系，在此一并酬谢。

最后，对在本书编著和出版过程中给予支持和帮助的各位老师和朋友致以深深的谢意！